温かな〝さようなら〟

続・葬斂屋春秋

辻井康祐

新日本出版社

目次／温かな〝さようなら〟――続・葬斂屋春秋

儀

一、レクイエムは六甲颪 8
二、さよなら先生！ またね!! 10
三、出棺はクレーンで 12
四、歌を愛した昭和びと 14
五、柩からとり出した経典 16
六、蛆まみれの遺体 18
七、感謝する心 20
八、ちょっぴり残した遺産 22
九、読めない紋所 24
十、世にも悲しい旅立ち 26
十一、悲しい旅立ち、その後 28
十二、アリガト婆ちゃん 30
十三、のこされた少年 32
十四、置きみやげ 34
十五、午歳の初春に 36
十六、ドラム缶の梵鐘 38
十七、本葬招いた密葬 40
十八、えべっさんに見送られ 42

式

十九、あの世でも言いつづけてや 46
二十、父のあとを追って 48
二十一、ホームの仲間に送られて 50
二十二、あいがと～（ありがとう） 52

二十三、お布施は半分コ　54
二十四、撤去した供花　56
二十五、早逝の仲間への辞　58
二十六、終わりのない旅　60
二十七、地獄に仏　62
二十八、ふるさとを連れて　64
二十九、音の変わった木魚　66
三十、やさしい嘘　68
三十一、読経の途中で　70
三十二、彼の岸に蓮の花ぽつと咲いて…　72
三十三、民報のとり持つご縁　74
三十四、盂蘭盆会にご先祖のもとへ　76
三十五、それぞれの八月十五日　78

送

三十六、歌詠みナース　82
三十七、驕りたしなめる栞　84
三十八、やさしい住職　86
三十九、神葬式のひとコマ　88
四十、つけかえた法名　90
四十一、一人息子の涙　92
四十二、素人ばかりの葬儀　94
四十三、縁を結ぶ因　96
四十四、ころがりこんだ仕事　98
四十五、薄れない思い出　100
四十六、「旅費」の金封　102
四十七、六年後の手紙　104
四十八、挟まれた柩　106
四十九、宗教の垣根越え　108
五十、春一番のいたずら　110
五十一、若院主は花粉症　112
五十二、つないだ電線　114
五十三、幼い命を送る　116

祭

五十四、書き直した位牌 120
五十五、命を助けた葬式 122
五十六、心のない隠語 124
五十七、八月十五日の友 126
五十八、亡くなった母 128
五十九、仏様のお使い 130
六十、ガフキー6号 132
六十一、死体と三日間 134
六十二、神道風で送る 136
六十三、お題目で送る 138
六十四、穏やかな顔で 140
六十五、千歳飴抱いて 142
六十六、地下街の再会 144
六十七、愛犬に見送られて 146
六十八、べんべんさん 148
六十九、夫の棲むふるさとへ 150
七十、喪中ハガキの文面 152

あとがきにかえて 154

絵　辻井康祐

儀

一、レクイエムは六甲颪《おろし》

六十二歳で亡くなられたその人は、古くからの乾物屋のご主人。早朝、クモ膜下出血で倒れられ、そのまま意識が戻らず、今生《こんじょう》を後にされた。

通報を受けてすぐに伺うと、奥様やご子息、娘さん、そしてご近所の方が寄り集まって、あまりの急逝にただ呆然《ぼうぜん》としていられた。

とりあえず枕飾《まくらかざ》りをし、蝋燭《ろうそく》に灯をつけ、お香を焚《た》いた。

「葬儀屋さん、主人は宗教に無関心で、お寺さんとの知り合いはないんです。ただ、おばあちゃんを送る時は田舎からお寺さんを呼んだのですが、たしか浄土真宗とか聞いています。この街のお寺さんを紹介してもらえませんか」

「いいですよ。気のおけないお寺さんをご紹介しましょう」

通夜、葬儀は地域の自治会館で営むことになり、早速いろいろな手配をし、浄土真宗のお寺に連絡し、お願いした。

臨終勤行《ごんぎょう》、通称枕経《まくらぎょう》に早速駆けつけてくれた住職が、「明日から本山の行事があるので私はお邪

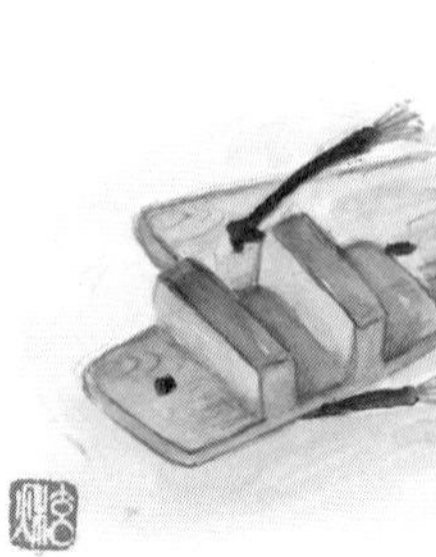

魔出来ませんが、若い院代をよこしますのでよろしくお願いします」と言った。

お花を主体とした、質素ながら故人にふさわしい祭壇に、にこやかな笑顔をたたえた遺影が飾られ、通夜が始まった。

商店街の役員も務めた故人を見送ろうと、たくさんの人が弔問した。若い僧侶《そうりょ》が、聞きほれるような美声で通夜の読経を始め、焼香の列が長く続いた。その時である。

経を唱える僧侶の袂《たもと》から、携帯電話の着信音が聞こえた。電源を切り忘れたのである。

何と、それは〝六甲颪〟、まぎれもない阪神タイガースの応援歌。お経の声と共に祭壇に置かれたマイクに鮮明に入り、通夜の客は失笑あり、含み笑いあり、頰《ほお》をほころばせる人もあり……。

あわてた若い僧侶は、一時お経を中断して、電源を切り、ぺこりと頭を下げた。

葬儀一式を終えた翌日、住職が、その若い僧侶を連れて喪家にお詫《わ》びに来られた。

「申し訳ありませんでした。どうかご勘弁下さい」。そう言って、住職はその若い僧侶の坊主頭をげんこつでこつんとたたいた。

すると故人の奥さんと息子さんが言った。

「とんでもございません。素敵なご供養になりました。主人は大大大の阪神ファンでした。あのお通夜の六甲颪は、きっと主人がどんなにかうれしかったことでしょう。ありがとうございました」

ふと壁に目をやると、そこにはまぎれもなく阪神タイガースの旗が飾られていた。

二、さよなら先生！　またね!!

大津赤十字病院から電話があったのは、五月雨《さみだれ》が上りうっすらと日が差しはじめた昼下りであった。

「今、一人お亡くなりになりました。お身内の方がおたくの会社に連絡してほしいとのことです。すでにもうご処置は済んでいます。お迎えに来て下さい」

急いで寝台車に必要な品々を積んで出発した。名神高速道路をぶっとばし、到着してみると、中老のご婦人と、三十歳前後と思われる女性が泣《な》き腫《は》らした眼で遺体に寄り添っていた。

「葬儀屋さん、訳あって、あまり大々的に葬儀をしたくないんです」。母親と覚しき中老の女性が言った。すると若い女性が急に咽《むせ》び泣き出した。

「息子は高校教師なんです。三重県の友達のところへ、バイクで出かけたんですが鈴鹿峠でトラックと接触して転倒し、頭を打って帰らん人となりました」

早速遺体の処置にかかった。思ったより損傷はないが、後頭部から滲《にじ》み出た血でシーツが染まっていた。

遺体を清拭《せいしき》して納体袋に納め、尼崎市の自宅に送った。

「葬儀屋さん、今どきの高校生はバイクに乗ってルール違反の運転をして、他人の車や歩行者に迷惑かけていると聞きました。教師ともある身でバイク事故死やなんて、言われしません。ひっそりと送ってくれませんか」

「お母さん、そして奥さん、それはちょっと違います。お葬式の規模はどうにでもします。けど人として精一杯生きてこられ、ましてたくさんの人を教える仕事をされた方、そんな人を悪の見本みたいに思うてはあかん!!」

強い語気で話す私の横で、若い奥さんは、わっと泣き崩れた。

翌々日、近くのお寺でお葬式がいとなまれた。勤めていた学校の同僚の先生に連れられてたくさんの生徒が見送りに来てくれた。

そして一人の女生徒が弔辞を読んだ。

「先生、鈴鹿の空はもう夏いろでしたか？　先生の愛された９００cc カワサキ、ニンジャ号で、時空を超えて、次の世界へ向かって下さい。どうかまっすぐに向かって下さい。でも、でも、私たちのことは絶対に忘れないでね！　さよなら先生、またね！」

そして涙を拭《ふ》いた。

三十八年の人生を連れて彼は旅立った。

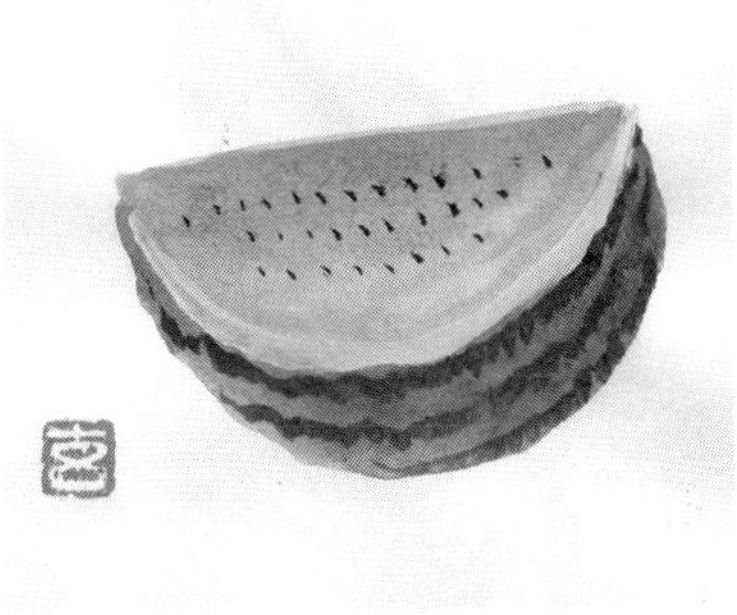

三、出棺はクレーンで

大手チェーンの葬祭業者がしのぎを削っている現今、昔ながらの中小業者もそれなりに独特のサービスを提供して生き残っている、この葬祭業界。大手業者は自社で霊柩車《れいきゅうしゃ》を保有しているが、中小業者は何台もの霊柩車を持つ資力がなく、そこで昔から霊柩車や遺体搬送用の寝台車を派遣する「特殊自動車」として営業する会社も存在している。

梅雨じめりのある日の夕刻、梅田の地下街を歩いていると、ポンと肩を叩かれた。ふり向いてみるとそこに小柄な初老の男性がにこやかな笑顔で立っていた。

「お久しぶりです。私です。あの散髪屋でお世話になりました。お忘れですか」

「えっ！　散髪屋、散髪屋ねえ?……あっあのときの！」思い出した。

あれは四年前の梅雨のしとしと雨の深夜二時頃、当直の私に病院から電話がかかり、急いでご遺体をお迎えに行った。たまたま自社の寝台車が出払っていたので、専門の搬送業者に依頼して病院裏口で待ち合わせた。

初老の小柄な運転手が来てくれて、病院の霊安室へ入ると、これまた小柄な男性が待っていた。亡くなったのは中年の女性、男性はご主人であった。

遺体を送り、到着したのは町の理髪店、そこのおかみさんが亡くなったのであった。

すると、そこには大手葬祭業の社員が待ち構えていた。葬儀費用の掛金をしていたのだ。

「じゃあ、あとよろしくね……」と言って、引き揚げようとし、喉《のど》の渇きを覚えて近くの自販機でコーヒーを買って飲んだ。そのときふと先程の理髪店で言い争う声がして、気になった私は傍《そば》に近寄った。

「こんな階段どないして、遺体を持ち上げまんのや！」「どうしても、どうしても、この家から送ってやりたいんや」

一階はすべて理髪店の店舗、二階で安置して、二階で葬儀をしてやりたいと頑として主張して止まない店主、大手業者の社員もとり交ぜて小柄で非力そうな三人、つい口を出してしまった。

「わしが抱いて上ろうか」

階段の幅は60㎝ほど、一人しか通れない。死因は肝障害であろうか口からどす黒い血液の垂れる遺体を、かつて柔道で鍛えた体で、遺体を抱いて、帯でくくりつけ、何とか階段を上って寝かせた。

「あの二階で葬儀一式すませました。出棺はなんと二階のベランダから、棺桶《かんおけ》をクレーンで下ろしましてんで！」

彼は「おおきに、あの時は地獄に仏やった」と手を上げて去って行った。

四、歌を愛した昭和びと

俳句の季語に「林檎忌《りんごき》」というものがある。かつての昭和の歌姫、美空ひばりの忌日で、ちょうど初夏を表現する季語である。

さて、以前より顔見知りであった女性が急逝された。クモ膜下出血。それも以前からあった脳動脈の大きな瘤《りゅう》が破れて、出血をおこし倒れていたのを見つけた近隣の人が救急車を手配し、瀬戸内へ海釣りに出かけたご主人が急いで帰宅し、病院へ駆けつけた時には臨終の死亡診断が下されたあとだった。

昭和十二年生まれ。美空ひばりと同い年。カラオケ大好き。近隣との人付き合いもよく、時にはお節介も……。まこと大阪のおばちゃんだった。美空ひばりが大好き。カラオケでもひばりの歌を熱唱し、拍手を貰《もら》うのが生き甲斐《がい》のひとつでもあった。

古くからつき合いのある浄土真宗のお寺で葬儀が行われた。

「院主さん、お寺には似合いませんが、音楽を流していいですか？　もちろん、読経中には流しません」「ええよ、故人の好きやった音楽を流してやって！」

紫陽花《あじさい》の咲く寺苑《じえん》に小さな受付テントを張り、回廊の隅にマイクセットト、プレーヤーを設置した。告別式の始まる前、開式五分前にプレーヤーのスイッチを入れた。そして流したのが美空ひばりの「愛燦燦《あいさんさん》」。近隣の人や友人、カラオケの同好会メンバーが集まり、開式を待つその時に故人の大好きだったメロディーが流れ、早くも涙する人もあった。

やがて、音楽を止め、開式の辞と共に〝恩徳讃《おんどくさん》〟という浄土真宗の仏讃歌の音楽と共に導師が入堂。厳粛な式がはじまり、遺族親族に続き参列者の焼香の列が続いた。最後に故人の弟が止め焼香をして式が終了し、導師が退場した。

式場ではお別れの準備が行われ、柩《ひつぎ》の蓋を取って、別れ花を捧げ、お別れをする。その時再び音楽が流れた。美空ひばりの「川の流れのように」である。すると一人、二人、また一人と小さな声でその歌を口遊《くちずさ》む人が。そしてだんだん大きな声で合唱がはじまった。いつの間にか、七条袈裟《げさ》を五条袈裟に着換えた住職が傍《かたわ》らに来られた。ふとそのお顔を見ると、その口元が音楽に合わせて動き、合唱の仲間に入られた。

くり返し流れる「川の流れ」にのって、故人はお浄土へ向かった。

林檎忌や歌を愛した昭和びと「川の流れ」にのりて旅立つ

五、柩《ひつぎ》からとり出した経典

市の福祉課から電話を受けたのは梅雨の晴れ間に夕陽が覗《のぞ》くたそがれどきだった。

「お身内のない方が亡くなられました。葬祭費はいつものようにこちらで負担しますのでよろしく。すぐに病院へお引きとりお願いします」

早速病院へ向かった。霊安室へ案内してくれたナースに、念のため聞いてみた。

「お身内、またお友達などいらっしゃいませんか」

「お身内はいらっしゃいません。お友達はときどきいらっしゃいましたが、ご連絡の方法はありません」

ナースの手厚い看護を受けていたのだろう、安らかな顔にうっすらとメークをされて眠っていた。

死亡診断書には大腸癌《がん》からの肝臓転移が記載され、満七十九歳であった。

寝台車で自社の霊安室へ運び、市役所や火葬場の手続きを終え、ご遺体の前に枕飾《まくらかざ》りをしてお線香をあげた。

病院から持ち帰り、処分を頼まれた荷物を調べた。故人が大切にされていたらしいものは、可燃物であれば柩の中に入れてあげようと思ってみていくと、そこにお経典と題目を書いた襷《たすき》があった。ひと目で日蓮宗系の信者であることが判った。しかし、それは伝統仏教の日蓮宗でなく、題目の書かれた襷で新宗教の信者さんと判った。お経典は法華経であった。

信者仲間が分かれば知らせてあげたい……。そんな思いもままならず、火葬の日がきて柩は火葬に向かった。そしてその中にはお経典と襷が胸の上に置かれていた。

さて、火葬場で柩を炉の中へ入れようとした時である。車が二台、男の人二人、女の人三人があわてて駆けこんで来た。

「ちょっと待ってや、ひと目拝ませてや！　わしら同じ信仰の仲間や。病院へ顔を見に行って初めて知ったんや」。そんな人に私は言った。「ありがとうございます。故人もお喜びでしょう。そうや、短いお経をあげて下さい」

「そうしよう、誰かお経典を持ってるか？」

あわてて来られたのかお経典を持っていなかったのである。そうだ！　お柩の中にある。

火葬場の職員にお願いして柩の蓋《ふた》を開けた。とり出したお経典に肩寄せて読経が始まった。〝妙法《みようほう》蓮華《れんげ》経如来寿量品《きようにょらいじゆりようぼん》第十六の自我偈《じがげ》〟、終わってまたお経典を柩におさめた。

故人の顔が一層安らかに見えた。

六、蛆《うじ》まみれの遺体

「遺体の搬送をたのみます」

警察署から要請があったのは初夏の夕暮れ、美しい空が茜いろに染まる頃であった。

指定された場所は昭和の匂い漂う下町、その片隅にある小さなアパートであった。

「すでに検死は済んでいる。君のところで荼毘《だび》に付して下さい」「ご遺体は？」「まだそのままにしてある。わしらも手伝うから、処置してや」

どこにも遺体は見つからない。「ご遺体はどちらに？」「風呂場《ふろば》や」

早速風呂場を覗《のぞ》くと、むっとする異臭の中に、浴槽に浸った遺体。まるで牛乳風呂《ぶろ》のような白い液体に首まで浸っている。浴槽の中の湯の表面が蠢《うご》めいている。蛆虫だ。白い液体と思ったのは蛆虫が層をなしているのだ。

浴場の天井には何百という蝿《はえ》が止まっている。普通なら不審死の遺体は警察署のモルグ（遺体収容所）へお迎えに行くのだが、成程この状態では……と、我々が呼ばれたことを納得した。

ズボンの裾《すそ》と、腕をまくり、靴下を脱いで浴場へ入り、側にあった湯上りタオルを遺体の腕の下、胸から背へ回し、若い警察官と二人で引き上げた。

腐臭に息を止めながら蛆まみれの遺体を引き上げ、部屋に寝かせた時であった。

バタンという音とギャッという声、蛆虫を踏んで足をすべらせた署員が浴槽に倒れたのであった。

蛆まみれで出て来た署員に上司が、「すぐ帰ってシャワーしてこい」と言った。

タオルで出来る限りの蛆を払いのけて、納体袋へ遺体を収め、寝台車に乗せて自社の霊安室へ運び安置した。

しばらくして警察署から連絡があった。遺体の人は八十一歳。北海道出身だが、今はすべての身内、親族は死亡していて、たった一人青森に姪《めい》がいるとの事であった。その人も病身で来られないとの事。行旅死亡者として火葬することになった。

迷惑を蒙《こうむ》ったのはアパートの家主さん。止むなく自費で遺品整理屋を頼んだとのこと。

そんな出来ごとを忘れかけたとき、警察署から電話があった。

「この間はお世話になりましたな。こんなこと言わんでもええんやけど、えらい目に会わしたから、知らせときまっさ」

「遺品片付けしていたら、預金通帳がありまして、なんと七百万円余り残金がありました。今、身内の人に送る手続きをしています」

〝使ってしもたらよかった〟故人はあの世で舌打ちしているだろうな！

七、感謝する心

沈丁花《じんちょうげ》のやさしいかおりに包まれた自治会館でお葬式がいとなまれた。

通称モーさん、元村嘉一（仮称）さん、六十一歳の旅立ちであった。

気候変動のこの季節、普段から血圧が高いと言われ、安定剤を処方されていたモーさんだったが、朝、起きてこない彼を奥さんがのぞきに行った時にはすでにこと切れていたという。

救急車で運ばれた病院で死亡確認された。脳出血であった。

モーさんの職業はスーパーの警備員、誰《だれ》とでも言葉を交わす。同僚にも、客にも好かれていた、なにわのおっちゃんだった。

しかし、子どもは幼い頃に急逝し、奥さんと二人。貯《たくわ》えとて雀《すずめ》の涙、質素な祭壇で、無料で使える自治会館での見送りとなった。

それでも、モーさんのお人柄のせいか、思いの外多勢《おおぜい》の見送りびとが詰めかけた。

モーさんと親しかった友達の紹介で、街の中に埋もれそうな小さなお寺の住職に読経をお願いすることになった。

通夜の始まる前、何気なく廊下の突き当たりを見ると、住職が便所の前で深々と頭を下げ、丁寧に合掌礼拝されている。

「ご住職、どうされました？」

訝《いぶか》しく思い声をかけた。

すると、初めて私に気がつかれた住職はこう言われた。

「ああ、これはこれは。お先にお借りしました。急に便意をもよおしたのでトイレをお借りしたのですが、ロール紙の端を三角折にして使い易《やす》いようにしてありました。後の人のことを思う優しさ、まさに仏心のあらわれと、今拝ましてもらっていました。私もそれに倣って同じようにしましたが、何分不器用で……。お恥ずかしいところをお見せしました」

とりたてて、言うような程でもない、小さな思いやり、まあマナー程度の行為なのだが、そんな小さな小さな思いやりを、感謝する心、その住職の心こそが尊いのではないか。

人を思う心、それがどんなに小さなものでも、精一杯感謝する心……。

私はその住職の皺《しわ》深いお顔、やさしい、にこやかなお顔を、あらためて拝見し、ほわ～っと温かいものが胸をよぎった。

八、ちょっぴり残した遺産

月遅れの関西の盂蘭盆《うらぼん》もすぎ、朝夕ちょっぴり初秋の気配のするころであった。夕焼の美しい午後六時頃、警察からの要請があった。「柩《ひつぎ》を二つ用意して来て下さい」寝台車二台にそれぞれ柩と納棺用品を積んで向った先は、この町屈指の高級マンションだった。指定された部屋に近づくと、むっとした死臭が鼻をついた。

部屋に入ると、警察官が三名ほど。そしてなんと、和室と和室との境の襖《ふすま》をとり払い、鴨居《かもい》に紐《ひも》を掛けてぶら下っている二人の男女。一人は完全に宙に浮き、一人は膝《ひざ》が曲がって畳に触れている。ひと目で縊《い》死《し》による心中だとわかった。死後三日程というのに、すでにこの暑さで腐敗がはじまっている。そしてその傍《そば》に呆然《ぼうぜん》として立ちすくんでいる男性。その中年の男性は死亡した女性の兄だという。

その人は、勤め先の出張で北海道に行き、仕事を済ませて帰宅すると、留守宅にこのマンションの鍵《かぎ》が送られていて、手紙も何も入っていなかったと言う。何となく不安を感じて、急遽《きゅうきょ》来て見るとこの有様だったと言う。

亡くなった妹さん。実家は横浜の資産家で、莫大《ばくだい》な遺産を相続し、二人の兄妹で分配したのち、フアッションの仕事で関西に在住したとのこと。

こちらで出会い、お互いに惹《ひ》かれて結婚したのだが、夫は仕事もせず、ギャンブル狂いと女遊びで、莫大な遺産を殆《ほと》んど食い潰《つぶ》したのだと言う。

「葬儀屋さん、ちょっと不審な点があるのでこちらで預かります。悪いけれど、柩には入れずに署のモルグ（遺体安置所）へ運んでや」

私は直感した。これはひょっとしたら、女性が思い余って男性を殺し、無理心中かも知れない……。女性は三十代。男性は四十代。一緒に行った同僚に話すと、「テレビのスリラーの見すぎでっせ」と言われた。

三日後、警察から連絡があった。

「やはり事件性はありませんでした。茶毘《だび》に付してあげて下さい」

兄さんたった一人の見送りで、だけどお寺をたのんで、霊安室でひっそりと送った。

「葬儀屋さん、お世話になりました。お金は人の心を豊かにもするけど、苛《さいな》むこともあることを痛い程知りました。けど、ひとたび愛した男と手に手をとって天国へ行った妹は、それなりに人生を全うしたのかも知れません。あの沢山あった遺産、葬儀代だけ残したみたいです」

預金通帳には三十六万円余りが記帳されていた。

九、読めない紋所

今はもうあまり存在が認識されていないものの一つに家紋がある。

昔から続く家柄を象徴するものであったが、今ではもう冠婚葬祭の時の式服でわが家の家紋を知るだけになった。しかし、いまだ葬儀の幕飾りに家紋の付いた水引幕を使う事がある。

ちなみに水引幕とは祭壇の正面に家紋の入った絹布の細長い幕を飾り、正面に当るまん中を房のついた絹紐《きぬひも》で束ねて吊《つ》り上げる……そんな飾り幕のことである。

北摂（大阪北部地域）の旧家のあるじが亡くなった。

古民家のような邸宅で葬儀を営むことになり、卒寿（九十歳）を急なく過ごし、九十二歳の高齢で眠るように逝かれたとの事。

還暦を過ぎたご子息が喪主となって、多勢《おおぜい》の弔問者を想定して広い庭に天幕を張った。

「家紋入りの水引幕を使ってほしいとの故人の遺言です。よろしくたのんます」との事。

「家紋はこの封筒に書いて入れてある……いうてました。はずかしながら私も知らんのですわ。兄が先に逝きよって、私は次男です」

「わかりました。段取りします」

若い社員にその旨伝え、封筒を渡して用意させることにした。近頃はあまり使わない家紋入りの水引幕が倉庫に眠っている。

祭壇を飾り、花を添えて美しく仕上がった式場は水引幕を待つばかりとなった。

若い社員が水引幕を持って来るのを待ちくたびれ電話しようと思った時、到着した。

「ようわからへんので、あるだけ持って来ました」

行李《こうり》の中から溢《あふ》れ出る程の幕。「なんでやねん！」と言った私に、「封筒の中に紋所が漢字で書いてありますすんや、誰《だれ》もよう読まへん、仕方ないんであるだけ持って来ました」「どれ、見せてみい！」

封筒の中には墨で達筆で「丸に剣片喰」と書いてあった。

「『丸に剣片喰《けんかたばみ》』やないか、こんなんわからんでどないすんねん！」「そんでも、パソコンで調べても出まへんのや」「ほれ！　一番上にあるやんか！」「すんまへん」。

なるほど〝かたばみ〟は辞書では〝酢漿〟となっている。

水引幕を張って祭壇が仕上がった頃、続々と弔問客がやって来た。

「おお、立派な祭壇やな！」「さすが旧家やな！」と言う弔問者の陰で若い社員が言った。「遺影が背広やからわからへんのや、紋付の着物やったらすぐわかったのに」……。

秋風が家紋入りの水引幕を撫《な》でて、庭のひと隅には芙蓉《ふよう》の花が揺れていた。

十、世にも悲しい旅立ち

これはもちろん実話であるが、あまりにも悲しい話なのでペンを握る手がすすまない。あの日の情景を思い出すからである。

芦屋市の人から葬儀の依頼があり、直ちに訪問したその家は、市の北部にあたる高台にある旧家であった。当主の母親にあたる八十六歳の女性が亡くなり、喪主の当主は定年間際の公務員、家族はその奥さんと一人息子の三人だった。

故人のご主人は二年前に亡くなり、もうすぐ三回忌を迎える前にこの世をあとにして、夫のいる天国へ旅立った。

若葉の美しい庭に向かって祭壇をしつらえ、柩《ひつぎ》を安置した。

旦那《だんな》寺の住職が立ち会って納棺の儀を行い、滋味深い故人の顔が柩の中で微笑《ほほえ》んでいるようだった。

「母はやまとなでしこの見本のような人でした。時にはきびしく、時にはやさしく、私は日本一、いや世界一の母だと思っております」

「おばあちゃん、ええとこへ行きや、ありがとうな！」

喪主の息子さんが柩の窓に声をかけた。息子さんも公務員との事だった。

祭壇が立派に出来上がった頃、広島から来る親族を迎えに、時間を待ち合わせた上、息子さんが芦屋の駅へ車で出かけた。故人の思い出話などしながら親族の到着を待つが、なかなか到着しない。そのうち、親族から電話があった。

「今、駅で迎えを待っているんだが、まだ来やせん。どうなっているかな?」とのこと。

「えっ!なんでやろ。もうちょっと待って見て」と言った直後、又リリンと電話が鳴った。

「芦屋警察です。今、お宅の人が事故に遭われ、市民病院に搬送されました。すぐに来て下さい」

あわてて駆けつけた病院。案内されたのは霊安室だった。頭部の陥没骨折ですでに身罷《みまか》ったあとだった。迎えに行く往路の事故だった。

でも、葬儀の予定は変えることは出来ない。そして、そして、世にも悲しい、おぞましい通夜がはじまった。

僧侶《そうりょ》の読経がはじまり、焼香がはじまり、喪主が焼香にたった。その時である。

「なんで!　なんで息子まで連れて行くんじゃ!!」

お香をわし掴みした喪主は、遺影に投げつけた。………

これで筆を止める。あまりにも悲しい情景を、筆舌に尽くすことは出来ない。

その後、息子さんの葬儀も含め、生涯で一番苦しく悲しい五日間を過ごした。

十一、悲しい旅立ち、その後

思いなおしてペンをとることにする。

遺影に向って投げつけた抹香は読経する僧侶《そうりょ》の頭にもふりかかったが、彼は微塵《みじん》も動じないで読経を続けた。親族の人たちに抑止され、やっと座に戻った喪主。奥さんは我慢の糸が切れたように、わっと泣き崩れた。

弔問の人々からもすすり泣きの声がする中、なんとか焼香が終わり、読経を終えた住職がやおらくるりと向き直り、喪主を抱きかかえ、背中を撫《な》でさすった。しばしの無言の刻が流れ、住職は「悲しいのう……。思う存分泣きなされや……」と言った。

翌日、葬儀が行われた祭壇の裏にあたる別室に、息子さんの柩《ひつぎ》が安置されている、そんな状態で式は進行し、なんとか無事に出棺の時を迎えた。柩の蓋《ふた》をとり、最後のお別れの時であった。

「お母ちゃん!昨夜はごめんやで、おこらんと旅立ってや!」と言った喪主は力尽きたように大きな吐息を吐いてへたりこんだ。

出棺が終わって、折角の祭壇を壊すのも勿体ないということで、息子さんの遺体を納めた柩を祖母の柩のあとに安置し、柩の周りを沢山のかすみ草で囲み、胡蝶蘭を配して祭壇は生まれ変わった。

喪家の悲しみに寄り添うために、どんな事をすればいいか、一晩考えた私は、早朝、机に向って色紙をとり出し、かの有名な蓮如上人のご文章「白骨の章」を細筆で書いた。〝朝《あした》に紅顔ありて夕《ゆうべ》には白骨となれる身なり〟と、諸行無常を説いたものである。

それを祭壇の柩の上に飾った。

「お旅立ちのお伴《とも》にお柩に入れて下さい」

母に続いての息子の通夜、疲れ果てた遺族の前で住職はその色紙を読み上げ、その文章をやさしく説いてこう言った。

「故人は大好きだったおばあさんを、一人で旅に立たせるのが淋《さみ》しかったんでしょうな、われわれ仏さんに生かされて生きてます。この世の縁が尽きたらまたあの世で必ず逢《あ》えるんや、これを〝倶会一処《くえいっしょ》〟と言います」

すべてを無事に終えた時、喪主は私の手をとってこう言った。

「やっと現実をうけとめることが出来ました。今は息子に言ってやりたい。そっちでもおばあちゃんと仲良くしてや！」

梔子《くちなし》の香が漂う庭に黄昏《たそがれ》が迫っていた。

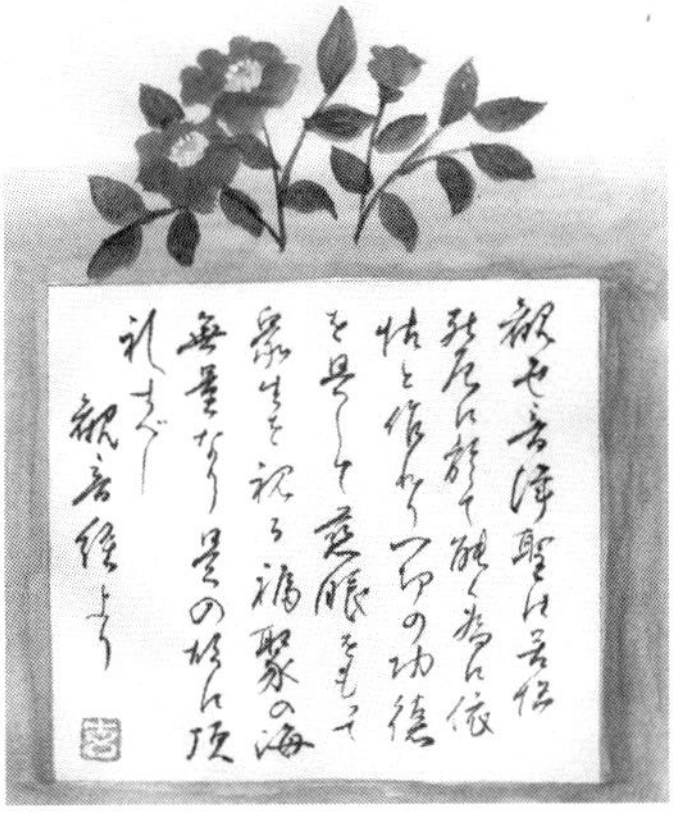

十二、アリガト婆ちゃん

みじかい秋が終わりを告げ、暦の上では小雪《しょうせつ》となっている夕刻、知人から訃報《ふほう》が届いた。

「アリガト婆ちゃんが死んだ。やっぱりあかんかったやな」

その人は昭和のたたずまいなつかしい裏長屋にひとり暮らしをしていた老婆。その人も多分に洩《も》れず、阪神淡路大震災の生き残り。北海道に遠い親戚《しんせき》があると言っていたが、詳細はわからなかった。

震災で辛《かろ》うじて生きのこった身を、神仏に生かされている有難さを心にひそめ、何事にも感謝して送る日々、すべてに感謝する心は遂に「アリガト」ということばを常用するようになった。

人に親切にされた時は勿論《もちろん》、人とぶつかりそうになった時も、犬に吠《ほ》えられた時も、自転車がぶつかりそうにかすめて行った時も、怪我のなかったことに「アリガト」。時には電車の車内で同年代の人に席を代わってあげ、「おおきに」と言われた返事にも「アリガト」、席を代わってあげられる自分の健康に「アリガト」。

いつか近隣の人たちは「アリガト婆さん」と呼んでいた。

暑さが少し南の方へ退き、朝夕ちょっぴり秋の気配がする頃、「アリガト婆ちゃん」が頻繁に咳《せ》きこみはじめた。「夏風邪や！」と言う婆ちゃんを心配した民生委員の謙さんが、無理矢理クリニックへ連れて行き、即、市民病院へ入院となった。

肺癌《はいがん》の末期であった。

それから二カ月余り、婆ちゃんは度々見舞いに来た近隣の人に「アリガト」を連発しながら、とうとう帰らぬ人になった。

民生委員の世話で、市から葬祭費用を負担してもらい、地域の福祉会館で見送り茶毘に付すだけの質素な葬儀をいとなんだ。しかし、「アリガト婆さん」の旅立ちを見送ろうと、会館に溢《あふ》れる程の人が集まった。

地域の街寺の坊守《ぼうもり》さん（浄土真宗のお寺の奥さん）が来てくれて、墨染《すみぞめ》の衣でお経を唱えてくれた。勿論《もちろん》無料である。

出棺の時間が来て、最後のお別れにと棺の蓋《ふた》を開けた。その時、婆ちゃんの家の隣に住んでいるおばちゃんが、婆ちゃんの少し開いた口を指で開けて「飴《あめ》ちゃん」を含ませた。

やがて棺は霊柩車に乗せられ出棺の時が来た。一人が「オオキニ」と言った。すると「オオキニちゃう！アリガトや!!」と言う声と共に、みんな声を揃《そろ》えて「婆ちゃんア・リ・ガ・ト!!」と叫んだ。

昭和の匂《にお》いのする裏町から霊柩車《れいきゅうしゃ》のホーンが悲しく尾を引いた。

十三、のこされた少年

「秋黴雨《あきついり》柩《ひつぎ》置く部屋なきと言う遺《のこ》されし子をそっと抱きぬ」

「秋黴雨」とは、しとしとと降る秋の長雨、俳句の季語である。

ゆく秋が背中を見せはじめた夕刻、降りつづく秋雨の中、葬儀の依頼が入った。電話をくれたのは地区の民生委員。父子家庭、父ひとり子ひとりの家庭。晩婚だった父は五十四歳。ひとりっ子の男の子はまだ中学生であった。

乳癌《にゅうがん》から転移した肺癌で早逝した母に代って、建設会社を早期退職し、ガードマンで働きながら子育てに専念したやさしい父親。

職場で突然倒れ、救急車で運ばれたが、すでに心肺停止。急性心筋梗塞《こうそく》で倒れたが、近くに同僚がおらず、しかも昼休み中で、彼の異変に気付くのが遅かったとのこと。「ごめんな！かんにんやで！」と悔《くや》む同僚に私は「何もかも運命です、仏さんのおはからいでっさかい、おたく等に責任はありません」と言った。

病院の霊安室には同僚の連絡をうけて、となり町に住む故人の両親と、早退した中学生の息子。両親は七十九歳と七十六歳の老齢。そして、あまりの突然に呆然《ぼうぜん》と、涙も見せず立ちつくす息子……。

「家が狭いので柩《ひつぎ》を置く場所がないんです」と両親が言った途端、急にわっと泣きだした男の子。私は思わずその子の肩を抱いた。

「悲しいなあ！　思い切り泣きや！　でもな、お父ちゃんは一生懸命生きはった。君はもう中学三年、成績優秀なんやてなあ、お父ちゃんはもう安心や思うて、お母ちゃんのとこへ行かはったんやで！」「君にはやさしいおじいちゃんとおばあちゃんがいてはる。お父ちゃんは安心して天国へ行かはった。見てみぃあの安らかなお顔を……」。彼はしゃくり上げながらも頷《うなず》いた。

アパートの二階、柩は置けないけれど、とりあえず遺体は一旦《いったん》自宅の蒲団《ふとん》に安置した。

地区の民生委員の世話で、地区の福祉会館で、質素ながらも、心をこめて葬儀が営まれた。親族は少ないけれど、同僚が多勢《おおぜい》見送りに来てくれた。

知り合いの僧侶《そうりょ》にたのみ、ほんの少しのお布施で読経してもらい、故人は安らかな顔で旅立った。あらためて僧侶にお礼を言うと、「ええお葬式やった！」と言ってくれた。

「おじいちゃんの家で暮らす」と言う息子。「お父ちゃんが空から守ってくれるよ」と言う私に彼は、「おっちゃんありがとう、これからもいろいろ教えてな！」と言った。〝がんばれ〟……と心の中でエールを送った。

十四、置きみやげ

「憲さんが亡くなった」

初冬の空がしらじらと明け初めた早暁、電話があった。

古い長屋にひとり住む憲さんは、地域の人たちに「研ぎ屋の憲さん」と親しまれる七十九歳の好々《こうこう》爺《や》。小さな金物店を営んでいたが一昨年、一つ年上の妻を亡くして店をたたみ、この長屋へ引越して来た。子どもは授からず、とうとうひとりになってから、大正時代に造築されたこの長屋に住みついたのである。

憲さんはとても人づきあいがよく、町内会の役員もつとめ、その名の通り、憲法遵守を標榜《ひょうぼう》する集会などに世話役としてもよく参加した。

若い頃から培った包丁研ぎの腕を駆使して、近所の主婦にたのまれては無料で研いであげて感謝されていた。

近頃よく咳《せき》をしていたことから診察をすすめられ、重い腰を上げた憲さん。診断は末期の肺癌《はいがん》であった。

入院して一カ月。あまりにも早い旅立ちに近隣の人はみんな涙した。

たった一人の甥《おい》が島根から来て葬儀の打合せをし、近くの会館で見送ることになり、近隣の人たちが集まって無宗教のお別れ会を催すことになった。

さて、一旦《いったん》帰宅安置した遺体を納棺し会場へ運ぶ時、寝台車を待機させ、葬儀社の社員と、仲良しだった近隣の人たちとで柩《ひつぎ》を抱え家を出ようとした時である。

バリバリと音がして上《あが》り框《かまち》の板が破れ、先端を抱えていた人が柩を抱えたまま床に落ちこんだ。古くなった上り框の板が腐っていて、柩の重みで破れたのだった。「うーん」と呻《うめ》く人。三人ほど駆け寄って柩を上げ、その人を引き上げた。

「えらいこっちゃ！　救急車！」。結局その人は大腿部《だいたいぶ》に亀裂骨折が発見され入院した。

翌々日、お別れ会が行われ、近隣の人たちで溢《あふ》れた会館。にこやかな笑顔の遺影の前に置かれた柩の上に、山のように花が積まれ、「さよなら憲さん。ありがとう憲さん」と書かれた色紙が置かれていた。

そろそろ出棺に近づいた時、入口から車椅子《くるまいす》が入って来た。一昨日怪我をした人であった。柩に近づくとそっと病衣をめくった。すると大腿部のギプスの上に「憲さんの置きみやげ」とマジックで書いてあった。その人は当日付けの「しんぶん赤旗」をそっと柩の上に置いて合掌した。七十九年のやさしい笑顔が次の世へ向かった。

十五、午歳《うまどし》の初春に

歳《とし》の瀬も押し詰まった大晦日《おおみそか》。なんとかお正月を迎える準備を済ませ、やれやれ今年も無事にすごす事が出来たかな……と疲れた体を横たえ、ちょっと一服と言うところに電話があった。大阪市内に住む妹からであった。

「兄ちゃん、押し詰まった年末に申訳ないけど、ちょっと力を貸してくれへん？」

「どないしたんや？」

「親しい友達のお母さんが亡くなったんや、明日正月や言うのにどないしたらえんやろ言うて浮き足立ってしもうてな、ちょっとアドバイスしてあげてよ」

仕事を退いてすでに二年、しかし、アドバイスするくらいのスキルは持っているつもりだ。「よっしゃ！すぐ行くわ」

駆け付けた妹の家、そこからほど近い葬儀社に、すでに遺体は安置してあると言う。

母ひとり、娘ひとり、八十六歳の母を看取《みと》った娘さんも独身、ずっと母の面倒を見て来たと言う。早速その葬儀社の会館へ向かった。泣《な》き腫《は》らした眼をした娘さんに色々話を聞き、葬儀社の担当社員にも会い、自分の経歴も話してよろしくとお願いした。

火葬場も元旦《がんたん》だけは休み、したがって葬儀は二日になる。

「兄ちゃん、ところでお寺さんを紹介してほしいんや、近くにもお寺があるんやけど、お付合いが無いし……」。そして、小声で言った「お布施のこともな……」

「よっしゃ！わしの心酔するご住職のいてはる寺を紹介するわ！　西淀川にある西栄寺さんや」。そして私も小声で言った「お布施のこともな……」

早速西栄寺に電話した。浄土真宗の寺院で、（何事にも固執することなく）開かれたお寺として知る人ぞ知るお寺である。

快諾を得た私は、その旨を娘さんに伝え、帰ろうとした時であった。

「お母ちゃんの唯ひとつのたのしみは競馬やった、テレビで見るのをたのしみにしてた。もう一日待っててくれたら、午歳に逝けたのに」

これを聞いた私は立ち止った。

「そうやったんですか、でも本当に三途の川を渡らはんのはお骨になった時です。そやから間違いなく午歳の二日ですがな！」

「よかったやん！」。私の妹が言った途端に、「うん、うん」と頷《うなず》いた娘さんの眼からまた涙が溢《あふ》れた。

平成二十六（二〇一四）年一月二日、午歳の初春に故人は白馬に乗って空に還《かえ》った。

十六、ドラム缶の梵鐘《ぼんしょう》

葬祭という仕事に携わっていると、いろんな宗教とご縁が出来る。

中でもやはり仏教が圧倒的に多く、たくさんある宗派、いろんなお寺とのご縁が生まれる。

兵庫県芦屋市に、浄土真宗のお寺で西法寺という寺がある。

さて、一九九五年一月十七日、大惨事を引き起こした阪神淡路大震災。あれから間もなく二十年になろうとしている。

あのとき生まれた子どもも、やがて成人になる。

しかし、薄れゆく記憶を呼び戻すひとときがある。それは西法寺にある梵鐘、ドラム缶でつくられた……と言うよりも、ドラム缶そのものの梵鐘である。

震災直後よりかろうじて倒壊を免《まぬか》れた寺の本堂で、家を失い、家族を失い、虚脱状態の人々に、ほんのひとときでも温《ぬく》もりをと、転がっていたドラム缶で湯を沸かし、あり合わせの食材で炊き出しを始めた。

寄り集まった被災者の絶望、悲しみ、呆然《ぼうぜん》とした心に、小さなあたたかさを……と、仏心にうら打ちされた奉仕の心、仏教に言う布施行であった。

これによって、どれだけ多くの人が癒やされたか、はかり知れない。

その時のドラム缶が今、梵鐘として朝夕、この寺で音を響かせている。美しい音色では決してない。でもその濁った音色が、あの時の惨状を風化させまい、とがんばっているような気がして、涙ぐむ人もいる。

今、街は美しいたたずまいで、初夏を迎えようとしている。

あの時の惨状などひとかけらも残っていない。でも、今なお、あの災害ですべての身内を失い、老齢化の後、孤独死を迎える人があることを忘れてはならない。

阪神淡路大震災をはるかに上回る東日本大震災も起きた。どうか被災者の心が癒やされるような為政をと祈るばかりである。

なつかしいふるさとを離れたまま、未だに復興の遅々としてすすまぬ東日本大震災の被災地。そして原発の是非、核廃棄物の問題。

いつの日か、美しいふるさとが還《かえ》るようにと、願いをこめて、今日も西法寺の梵鐘が響く……。私たちの心のお寺、西法寺の梵鐘が……。

十七、本葬招いた密葬

市立病院の事務長から電話を受けたのは、冬陽が西へ傾きかけたころであった。

「今、ひとり亡くなられました。ちょっと相談したいことがあるので、すぐ来てくれますか」

看護師さんからの連絡が普通なので、わざわざ事務長からの連絡に不審を抱きながらもすぐ駆け付けた。

「実はお亡くなりになった方は、市の中核をなす企業の社長さんです。社葬になると思うので、それ相応の葬儀の規模となり、あなたのところはおそらく今日お迎えだけと思うけど、ごめんね！」と言った。

ご遺体は何故か八人部屋の狭いベッドの間に横たわり、霊安室にも運ばれていなかった。よほど急激な症状で、空き部屋がなかったのであろう。

そのうちに家族や社員が駆け付け、病院の事務長やナースに見送られて寝台車に乗せられ、市の西北部にある大邸宅へ向かった。

百五十坪はあろうかと思う庭。紅葉した樹々に交じって木守り柿がひとつ赤く炎えていた。奥まった床の間に安置して枕飾りをして、さて、辞去しようとした時、中年の人が言った。聞いてみるとその人は故人の長男、専務取締役であった。

「葬儀屋さん、ご苦労さまでした。どうですか、社葬は後日として、この家でとりあえず密葬をしようと思います。何かのご縁、密葬だけでも御社でしてもらえませんか」

「ありがとうございます、身に余る光栄です」

翌日、全社員を動員して、祭壇をしつらえ花を主体とした豪華な空間を創《つく》り出した。

大きな庭に大テントを張り、とうてい密葬とは思えない大規模な葬場が出来上った。

市の名刹《めいさつ》、臨済宗の大和尚が脇侍の僧をはべらせて通夜がはじまった。弔問客は市会議長はじめ、衆議院議員の方も悔《くや》みに来られ、なんと二百人余りで大テントが埋まった。通夜の読経を終えた和尚が帰りがけに私の顔を見て、「おお！あんたか、明日の司会をたのしみにしてるで！」と言われた。

密葬とは言え、とんでもない規模の式場で私は心を込めて司会をした。故人のすばらしい人生を「宗次郎」のオカリナの曲にのせて紹介した。

そして、無事に終わった。やっと胸を撫《な》でおろしたとき、喪主が私を手招きした。

「ご苦労さんでしたな！　ところで、後日、本葬を大々的にしようと思うので、是非君のところでやってもらおうと思います」

そして後日、わが社の一カ月の全業績に匹敵するほどの本葬を受注した。

十八、えべっさんに見送られ

お寺のそばに神社がある、又は神社のそばにお寺がある……。よくある風景である。

これは神仏混淆《こんこう》のわが国の信仰のかたちなのかも知れない。しかし、その起源は寺院を守る守護神として併設されたものでもある。

一月九日早暁、その人は身罷《みまか》られた。享年八十八歳、米寿を迎えられた九月中頃、倒れたまま意識が戻らず、年明け早々に終焉《しゅうえん》を迎えられたのである。

公務員を定年退職された息子さん一家と同居して、先立たれた夫人を日々供養しながら穏やかな老後をすごして居られたと言う。

この町には知る人ぞ知る名刹《めいさつ》があり、その檀《だん》信徒である故人は、そのお寺で葬儀を営むことになった。

さてそのお寺には、創建時より守護神としての神社が併設され、お寺とは別に、年間の神事が行われている。この神社も多分に洩《も》れ

ず、一月十日は戎《えびす》祭り、いわゆる十日戎、えべっさんのお祭りが行われる。

したがって、隣のお寺では葬儀、神社では賑《にぎ》やかなお祭り、なんとも不思議な光景が出現した。

「ちょっと日にちをずらしたらよろしおましたな」と言う私に喪主は言った。

「いやいや、おやじは喜んでまっせ。なにしろ宮年番（神社の雑用をする役目）の時の張り切りようは、今でも思い出します。特にえべっさんの時は法被《はっぴ》を着て生き生きしてました」

葬儀のはじまる午後一時、福笹を売る巫女《みこ》さんの声と、お浄めの鈴の音、境内一杯の人波のざわめき、そして、〝商売繁盛！　笹もって来い〟とスピーカーの音声が流れる中、寺の葬場では厳粛な空間に住職の荘厳な読経が流れ、神社の喧騒《けんそう》と相俟《あいま》って不思議な時が流れた。やがて焼香も終わり、導師が退堂したあと、喪主が挨拶《あいさつ》に立った。

「皆さん、本日は新年早々、このように沢山ご会葬下さいまして、心から御礼申上げます。親爺《おやじ》はなにしろ淋《さみ》しがり屋でして、この世の最後のお別れに、こんなにも賑やかな時を与えられ、ほんまに喜んでると思います。皆さん、お帰りの時はどうぞ、親爺の面影も、思い出もお供にしてやって下さって、隣のお宮さんへ参ってやって下さい」

故人は八十八年の人生を、えべっさんの賑いに送られて旅立った。

弐

十九、あの世でも言いつづけてや

「裕《ゆう》さんが亡くなった」

早暁五時、電話をくれたのは私が主宰をつとめる句会の俳友であった。

「心筋梗塞《こうそく》やて！わからんかったんやな」

商店街の片隅で金物屋を営んでいた裕さん。阪神淡路大震災で店舗は壊滅。奥さんと一人息子が家屋の下敷きになり、奥さんは圧死、息子は辛《かろ》うじて助かったものの、震災の三年後、交通事故で他界した。震災後、店舗再建は諦《あきら》めて町外れの小さなアパートで暮していた。

生来生真面目な裕さんは曲がったことが嫌い。そして本来、人一倍やさしさを兼ね備えた性格は、現今の政治の不条理と、かつて経験した戦争の悲惨さを訥々《とつとつ》と呟《つぶや》いていた。憲法遵守の集会には必ず顔を出していた。

身寄りの少ない彼、たったひとりの従兄弟が愛知県に住んでいると聞いていた友人が、裕さんの所持品から探しあてて連絡をしたが、その人も高齢で、とても来ることも出来ないとの事、私の俳友が中心になってお別れ会を営むことになった。

市の福祉課に申し入れて、市営の葬祭仕様で補助を受け葬儀を行うことになった。

地域の福祉会館に柩《ひつぎ》を安置し、近隣の人たちや友人、知人が心尽くしの供花で柩を囲み、ささやかながらやさしい祭壇が出来た。

さて、当日は思いがけない程の見送りびとが集まり、さすが裕さんの人徳だなと思っている矢先、なんとどうして知ったのだろうか、市会議員と秘書が大きな花束を抱えて参列してくれた。

「昨日、会館の前を通って、ちらっと覗《のぞ》いてみると、見覚えのあるお顔が遺影になって飾られてました。いつも集会に来てくれた人でした。ひと言〝ありがとう、さよなら〟を言いに来ました」

そして柩の上に大きな花束を置いてくれた。

アメイジング・グレイスの音楽の流れる中、一人ひとりがひと言ずつ声をかけた。

「裕さん、さいなら！」「いつか会うのをたのしみに待っててや！」「おおきに！　わいが言えるのはそれだけや！」「いつも言うてたやろ〝戦争あかん〟〝平和守れ！〟あの世でも言いつづけてや！」「裕さんの心、必ず引き継ぐで！」

そして、しめくくりに私の俳友が一句詠んだ。

「逝く人の背《せな》にやさしき涅槃西風《ねはんにし》」

涅槃西風とは涅槃会《ねはんえ》（釈迦《しやか》入滅《にゆうめつ》時二月十五日頃）に吹くやさしい西風

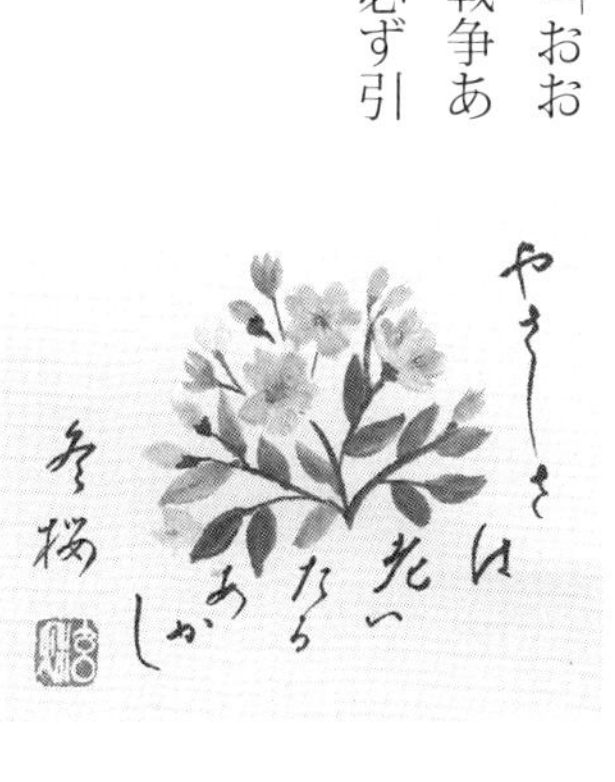

二十、父のあとを追って

寒波が襲来して、この冬はじめての雪化粧の朝、葬儀の依頼が入った。

警察からであった。

女子高生の入水自殺であった。

長い夜がやっと明け染めた頃、神崎川《かんざきがわ》に浮かんでいる遺体を発見し、通報したのは新聞配達の若い男性であった。

早速向かったのは所轄警察署のモルグ（遺体安置所）、そこには母親とおぼしき中年の女性と兄と思われる青年が呆然《ぼうぜん》と立ちすくんでいた。二人共、顔をこわばらせ、ぶるぶると震えているのはあながち寒さのせいのみではない。

「お悲しみは当然のこと、如何《いか》なる事情があるとも、死を決しられるのは、大変な決断です。でも、どうぞ現実をしっかり見つめて、今はどうか安らかに天国へお送りする事を念じましょう」。すると突然母親がわっと泣き出し、「ごめん！ごめんやで！」と濡《ぬ》れた遺体に抱きついた。

「お母ちゃんが悪かった。お父ちゃんが死んでから、なんでかあんたに辛《つろ》うあたったんや、ごめん！

私も一緒に行く！」と言ってへたりこんだ。「俺《おれ》も一緒に行きたい」。兄と覚しき男性も母親に覆いかぶさって、わっ！と泣き出した。

「ようわかります。でも、娘さんを先《ま》ず、お父さんのもとへ送り出してから、よく考えて下さい」

自宅は市北西部の古い一軒家、遺体を安置し、清拭して、エンゼルメークを施した。

聞いてみると、父が肝癌《かんがん》で亡くなったのが一昨年。恋人かと思われるように仲良かった父と娘、父が身罷《みまか》ってから、自暴自棄になった娘は非行に走り、警察に補導されることもあったと言う。

翌々日、地域の会館で通夜がとり行われた。

放心状態の母を助けようと、近くに住む友人や、親族が集い、質素ながら花を主体にしたやさしい祭壇に、頬《ほお》をほころばせた可愛《かわい》い遺影が飾られた。

地元の浄土宗のお寺の住職がやさしい声で法話をした。

「人生とは如何に長く生きたかではありません、如何によく生きたかということです。十六年というみじかい人生、でも仏さんは長短問わず、しっかりと、そしてやさしく受けとめて下さいます。大好きやったお父さんのところへ行くんやから、〝仏さん、どうぞよろしう……〟と送りましょう」と言った。

柩《ひつぎ》の上には、故人の走り書きがそっと置かれた。遺書であった。

「お母ちゃん、お兄ちゃんごめん、お父ちゃんのとこへ行きます」

二十一、ホームの仲間に送られて

「松村さんから電話です」

事務の女性から呼ばれて受話器を取った。

「入所者が今朝亡くなられました。ご相談したいのでお越しいただけませんか」

松村さんは市の施設であるグループホームの施設長。市内に何棟もあるホームのひとつで、主に独居者が高齢となり、独《ひと》りぐらしに不安を抱える人たちの為《ため》に設営されたもの。これも阪神淡路大震災で身内すべてを失った人たちの為につくられたもの。あの日から二十年、超高齢者の集団生活である。

早速伺った。

「遠縁にあたる方が福岡に居られますが、ご高齢でこの方も施設に入っておられます。ホームの仲間で見送ろうと思うのですが、この建物の中では葬儀は無理でしょうか」

九十一歳、老衰で静かに今生《こんじょう》をあとにされ、施設と連携の医師に看《み》とられ往生されたそうである。

「わかりました。ここのロビーで式をやりましょう。そして仲間の皆さんに見送ってもらいましょう」

市の葬祭扶助で質素ながらやさしい祭壇をしつらえ、にこやかな笑顔の遺影を飾った。この市に支坊を持つ浄土真宗の西栄寺さんにお願いして、院代さんに読経をお願いし、通夜式を行った。

「そうや！　寄せ書きをして、お浄土へのお土産にしよう」。入居者の一人が言い出して「そうや、それがええ！」と同調したのは一番長くホームに入居しているおじいさんだった。

早速、色紙を用意し、中心に円を書いてその中に法名《ほうみよう》釋《しやく》浄《じよう》昭《しよう》、俗名あき、行年九十一歳と書いた。それを中心にして放射状にそれぞれが思いを書いた。

「仲ようしてもろておおきに」「もうじき行くで」「また歌おうな！」「先にいった旦那《だんな》と仲ようしいや」「二年前にいったわしの嫁はんによろしう言うてや！」「まっすぐにお浄土へ行きや。道まちがえんとな！」

その色紙を柩《ひつぎ》の上に飾った。

ホームの職員が言い出して、入居者がみんなで〝いろがみ〟で鶴を折って色紙のまわりに並べた。

読経の中、お焼香が終わったとき、誰《だれ》かが言った。「あきさんが行く仏さんの世界は、みんなのふるさとやで！　ふるさとの歌、歌おうや！」

〝兎《うさぎ》追いしかのやま…小鮒《こぶな》つりしかのかわ…〟だんだんと大きな声になり合唱になった。

「明日どんな告別式になるんやろ。たのしみやな！」。お寺の院代がぽつりと言った。

二十二、あいがと〜（ありがとう）

市民病院から電話があったのは、明け初めた空が美しい春の早朝だった。

お迎えの支度をして病院に向かった。

馴染《なじ》みの看護師長さんに案内されたのはICU、急逝されたのは中年のご婦人、夜半に発症して救急車で運ばれたが、すでに心肺停止、脳出血だった。

普通は霊安室へ安置するのだが、早朝であったことと、付添っていた高校生の息子のあまりにも悲しみ、狼狽《ろうばい》する姿を見て、すぐに自宅へ送る方がいいと考えたのだそうだ。

ベッドの脇にしがみつくように震えている息子を見た私は、「あっ！」と驚いた。

それはつい先日のことだった。たまの休日に梅田へ画材を買いに出かけた時、たまたま愛車を車検に出していて、久しぶりに電車に乗った。サラリーマンの退勤時でかなり混雑している中、吊革《つりかわ》にぶらさがっていると声をかけてくれた男の子、一目で知的障害者とわかる顔付き、たどたどしい口ぶりで、「おいさん（おじさん）、こころうろ（ここどうぞ）」と席を譲ってくれた。

「おおきに、たすかったわ」と腰をおろし、右も左もスマホ操作中、「お兄ちゃんやさしいな」と言うとニッと笑った男の子。なんと、付添っていたのはその子だった。

そのうちに故人の兄と妹が駆けつけて来られた。「お姉ちゃん！」。わっと泣き出す妹、「なんでや！なんでや！」と叫ぶ兄……。

「わけあって夫と離婚してこの子と二人、一生懸命に生活してました。葬儀屋さん、みんな裕福やないんです。でも心から送ってやりたい。障害をもつ子をのこして、どんなに残念やったかと思うと、悲しうて！」

「わかりました、こんなやさしい息子さんのために、精一杯させていただきます」

地域の自治会館で、質素ながらやさしい飾りつけをした。そして知り合いの寺の若院《じゃくいん》に読経をお願いした。

告別式には彼の高校の支援学級の生徒が、先生に引率されてたくさん来てくれた。

読経、焼香が終わって、司会の私が会葬御礼の挨拶を代行した。

「お母さんのやさしさに包まれて、息子さんは心やさしい人になられました。悲しみを堪《こら》え、立派に喪主をつとめられました。逝かれるお母さんは心のこりでしょう。でも、ご会葬下さいました皆さま、どうか残された方への支えとなって下さいますようお願い致します」

今生《こんじょう》四十一年の人生を乗せた霊柩車《れいきゅうしゃ》がホーンを鳴らして発進しようとした時、息子が叫んだ。

「あ、あ、あ、あいがと〜（ありがとう）あいがと〜」

二十三、お布施は半分コ

市立病院から電話があったのは、夕映えの美しい晩春のたそがれどき。すぐに寝台車をさし向けて亡くなられた人をお迎えした。

米寿を迎えられたばかりのその人は、白髪のきれいなお婆《ばあ》さん。老衰の身を静かにこの世をあとにされた。水鳥の並ぶようにナースのお見送りをうけて病院をあとにした。

「お寺さんを紹介してもらえませんか。三重県の田舎《いなか》に知り合いの寺があるのですが、わざわざお呼びするのも気の毒なので。宗旨は浄土真宗です」

「承知いたしました」

すぐに近くの寺に連絡した。坊守《ぼうもり》さん（住職の奥さん）が出られ、「もうすぐ住職が帰ると思います。帰り次第行かせます」と快諾してくれた。

葬儀の規模、手順などを説明していた時、ピンポンと玄関が鳴って、どやどやと親戚《しんせき》の人たちが入って来られた。

「やっぱりあかんかったか。危篤の電話貰《もろ》うてすぐに家を出たんやけどな……」。「浄源寺の院主も一緒に来てもろた。葬式の導師をしてもらおと思うてな」

あっ！と驚いた。すでにこちらのお寺に連絡し、葬儀をお願いしたところなのに。あわてて先程の寺に電話しようとした矢先、ピンポンが鳴って、ご住職が来られた。

「しまった！　どうしよう！」と困り果てた私。

ご住職は「どうもこのたびは」と遺族の人に挨拶《あいさつ》をしたあと、田舎のお寺の住職を見て、

「こりゃこりゃ藤本君、久しぶり!!」「あれ～っ、何年ぶりや！　元気か!!」

なんとハイタッチした二人。聞けば、仏教系の大学の同級生だったとのこと。しかし一人は本願寺派、三重県の住職は高田派。経典は同じでも、読経の節まわしが微妙に違う。

「申し訳ありません」と言った私に、

「かめへん、かめへん。二人で送ろうや。そうや通夜は私が導師をするわ。君は脇に座ってくれ。葬儀式は君が導師、わしが脇、それでええやろ」「ほんなら二人揃《そろ》うて枕経《まくらぎょう》あげよう」

ほっと胸を撫《な》でおろした私。しかし「お布施はどうなるのかな？」。おそるおそる紹介した住職に訊《たず》ねてみた。

「う～ん、そやなあ。そうや！　半分コにしよう。そんでええやろ」

やれやれと思った途端、夕食を食べてないお腹《なか》がぐう～っと鳴った。帰り途、いつもの吉野家の背《せ》凭《もたれ》のない椅子《いす》でほっとひと息ついた。

二十四、撤去した供花

ある著名な華道の支流を継ぐ家元の令夫人が亡くなられた。還暦を迎えられたばかりであった。臨済宗の名刹《めいさつ》で葬送の式典が行われることになって、私の会社がすべてを受注した。お花を主体として本堂全面を飾り、普通より大きな遺影を飾り、出来上がった祭壇は見事な出来映えであった。

供花を担当する下請《したうけ》の花舗《かほ》からは、超ベテランが来てくれて、流石さすがと手を叩《たた》きたくなるような花祭壇が出来上がった。そして、華道の会からはいつもより豪華な供花の注文を受けた。いつもの、型にはまったような供花ではなく、華道風に工夫して出来上がった盛り花は、これまたベテランの職人のふりしぼった技量が発揮され、すばらしい出来であった。贈り主の名札も、パソコンの印刷文字ではなく、私が心を込めて筆をとり揮毫《きごう》した。

本堂正面の回廊の左右を飾り、腕を組んで出来映えを眺《なが》めているベテラン職人の肩をポンと叩いた私は、「見事や。あんたも家元みたいやね！」と褒《ほ》めた。

やがて時間が流れ、喪主の家元や親族の人たちがやってこられた。控え室へ入られた親族。ひとり残り、本堂を眺められ喪主は無言で立っていられる。

私は、「どうですか。一生懸命お飾りしました。奥様にふさわしく、やさしい、そして華やかにさせてもらいました」と言った。

「うん、うん」と頷《うなず》かれたものの、しばし無言。そして……。

「申し訳ないが、あの供花は撤去してもらえんやろか」と言われた。

「えっ、お気に召しませんか？」と言った私に、家元はこう言われた。

「いや！　その反対や！　あの活《い》け方は葬儀屋さんの技量をはるかに越えている。まさに華道を嗜《たしな》む者。それも達人の域に近い活け方や。それ故に撤去してほしいんや」

「えっ。なんでですか？」と言った私に、

「あのように真、添、控に沿った華道の精神を尽くした活け方は、参列してくれる華道にかかわる人達は、私が活けた、葬儀屋さんに割り込んで、花代をけちったと思われる。本当にごめんやで……」と言われた。

本堂の裏に場所換えをした供花は、そこでも美しく輝いていた。

葬儀が終って、一同が退出されたあと、喪主さんが封筒を渡された。

「あの花屋さんに渡してや」

その中には褒め言葉を添えて寸志（心づけ）が入っていた。

二十五、早逝の仲間への辞

港湾運送事業に従事し、労働環境の改善に力をそそいだ日本共産党員。思いがけず病を得て早逝された人の葬儀が、芦屋浜《あしやはま》のある会館で営まれた。

弔辞に立った同僚が涙ながらに読み上げた文章を、そのまま披露しようと思う。

「芦屋浜の浜風が花びらを運んで来ました。君との別れを悲しむように今年の桜ももう盛りをすぎました。

いみじくも今日は啄木忌《たくぼくき》。あの石川啄木が今生《こんじょう》をあとにした日です。

〝われ泣きぬれて君を見送る〟こんなパロディが涙と共に胸に湧《わ》きます。不謹慎でごめんね！

故甲斐沼猛君（仮名）四十八歳。一昨年七月、病を得た君は、現代医学の粋《すい》と、ご家族の看病に精一杯こたえ、ついに去る十一日帰らぬ人となりました。

故甲斐沼猛君。一九六四年十月三十日、青森県で生を享《う》けられた君は、二等航海士の資格をとり、外洋へと就航したが、当時の船舶関連労働者のうけていた非人間的な扱いに、社会的矛盾を痛感し、労働者のために生涯をかけようと決心したんだね！

『私が小さい頃、体が弱かったので、近所のおばさんが生みたての卵を一つだけくれた。〝生のまま呑《の》むんだよ〟と言った言葉とはうらはらに、小さな私はそれを茹《ゆ》で卵にした。そしてそれを絹糸で四つに切り、幼い弟や妹に分けた。貧しいが故の悲しい、でもすてきな智恵だった』

これは宮本顕治先生の幼い日の思い出と聞いている。

君はこのやさしさと思いやりに裏打ちされたイデオロギーを培って、働くみんなのために身心を捧《ささ》げてくれました。

それからも港湾運輸事業の中に巣喰《すく》っている旧《ふる》い感覚を打ち破って、新しい労働組合を作るため寝食を忘れ、今日の基礎を作ってくれた。

君は今ここに、ご家族にはやさしさを、えにしある人々には思いやりを、そして自分にはきびしさを思い出として残し、しずかに他次元への旅に出るんだね。海にかかわり、海と人とのかかわり合いに生涯をつくした君は今、ふるさとの青い海に帰るのだね！

故甲斐沼猛君！　さよなら。ご苦労さんでした。いつかまた会おうね」

読み終えた彼はしずかに一礼し、涙を拭《ふ》いた。

二十六、終わりのない旅

「もしもし、いつもご苦労様です。またおひとり亡くなられました。よろしくお願いします」

馴染《なじ》みの看護師さんから電話があったのは、晩秋のやさしい陽が西空を茜に染めている夕刻。さっそく寝台車で病院へ向かった。

病院の霊安室に入ると、和服姿の女性ばかり七人が集まって涙にくれている。日本舞踊の発表会の最中に訃報《ふほう》が届いたとのことである。

「艶《つや》ちゃん、おそいな、どないしたんやろ」「お子さんが病気か事故にでもなったんやろか?」。会場の控え室で待ちかねた仲間たち、そんな時しらせが届いた。

突然倒れた彼女、和服の下着、襦袢《じゅばん》すがたのまま運ばれた救急病院で心肺停止、死亡の確認がなされた。脳出血であった。

観客の集まった発表会は中止することが出来ない。急遽《きゅうきょ》、師匠が代役をつとめて発表会をすませ、病院へ駆けつけた仲間たち。だからみんな和服姿なのだ。

市役所へ勤務しているご主人が、中学生の息子を授業中に連れ出して病院へ到着したのは、踊りの仲間より少し後であった。

「艶子！　なんでや！　どうしたんや！」「おかあちゃん！　おかあちゃん！」

わっと泣き出す息子、「なんでや！なんでや！」と繰り返す夫。私はそっと霊安室を出た。身につまされて胸がしめつけられるようで居たたまれなかったのである。

どれくらい時が経《た》ったのだろうか。霊安室の扉が開き、ご主人が涙声で、「葬儀屋さん、お願いします、どうぞ賑《にぎ》やかに送ってやって下さい。踊りのお仲間が大好きやった家内、踊りながらあの世へ行かしてやりたい」。そう言うと、わっ！と声を上げて壁を叩《たた》いた。

先祖代々おつき合いのある日蓮宗の寺を招いて通夜が営まれたのは地域の福祉会館。「法華経」の厳粛な読経の中、多勢《おおぜい》の弔問者が焼香を終え、導師の後唱《ごしょう》が終わり退場されたあと、突然、音楽が流れ、和服姿の日本舞踊の仲間が六名出現した。

「艶ちゃん、ありがとう!!」「あんたと知り合えて、ほんで踊れて、おおきにやで!!」「さいならは言わへん!!また会おな!!」

音楽は古典和楽ではない。なんと、美空ひばりの〝川の流れのように〟である。

終わりのない縁を抱いて彼女は次の世へと旅立った。

二十七、地獄に仏

神戸市東灘区、住吉川沿いに山あいの道を北へ上ってゆくと火葬場がある。甲南斎場である。時々、猪がうり坊（子どもの猪）を引き連れてやって来る。そんな静かなたたずまいの斎場である。

芦屋市に住んでいる知人から連絡を受け、ご自宅に向かったのは夕闇《ゆうやみ》が訪れる頃。亡くなられたのは知人のお父さん、八十九歳であった。老人ホームに入居されていたが、誤嚥性《ごえんせい》肺炎で今生《こんじょう》をあとにされたのであった。

市内の真宗寺院の会館で送ることになり、事前打合せをした。故人の出身は愛知県豊川市、打合せの中で遺骨の話が出た。先祖代々の墓地は故郷《ふるさと》にあるが、直系でない故人はそのお墓に納骨出来ないとのこと。新しくお墓を作る費用は、今のところ用意出来ないと言われた。後日、皆で相談して決めるからということであった。

今、遺骨の法要については色々な方法がある。散骨、樹木葬、合同葬、そして大阪一心寺の骨仏などである。

「とにかく、田舎へ埋葬することはあり得ないので、大きな骨箱はいりません。のど仏を収納する小さな壷《つぼ》（本骨壷《ほんこつつぼ》）だけでお願いします」と言われた。

無事、葬儀式をすませ、たまたま芦屋市の火葬場がいっぱいで予約できないので、甲南斎場で荼毘《だび》に付すことになった。

さて、火葬が終って収骨（お骨あげ）の時、故郷から来られた方々が、「分骨して下さいな、地元の寺へ納めますんで……」と言われた。

「えっ！　本骨だけと違いますのか？」

事前打合せの時、小さな本骨壷だけと聞いて、大きな胴骨壷は用意していないのだ。

普通は箸渡《はしわた》しをしながら、下腿《かたい》骨から上体の骨に順番に拾って胴骨箱へ収め、最後に体の各部の小さな骨片を本骨壷に収め、その上にのど仏（甲状骨）を納める。

「このまま神戸駅から名古屋へ帰ります。お骨持って帰るように手配して下さい」。涙まじりの声で要求された。骨壷を用意してない。自社は尼崎市。取りに行ってはとても間に合わない……。

その雰囲気を察して声をかけてくれたのは、たまたま来ていた同業者。「うちのんを使いなはれ、うち近いよって、すぐ取りに行くよって、まだちょっと時間あるねん」

「おおきに!おおきに!」。地獄に仏と、何とか切り抜けた。胸を撫《な》でおろし、あらためて彼の顔を見た。「そうや!あんた!!」。見覚えがある顔。「そうや、二十年前、遺体収容所で苦労した仲やんか！」。阪神淡路大震災の時の仲間であった。

二十八、ふるさとを連れて

久しぶりに葬儀のない静かな夕暮れ、その電話を受けたのは若い社員。帰り支度をしていた私に受話器を渡した。

「病院の紹介してくれた葬儀屋さんが遺体を家まで送ってくれたんですけど、父が昔、そちらでお世話になった時、親切にしてもらったので、その葬儀屋さんをお断りしておたくにお願いしようと思って電話しました」

そう言えば八年前、脳出血で急逝された父君を送る時、憔悴《しょうすい》しきった母親に寄り添って健気《けなげ》に喪主をつとめられた方であった。

「父が亡くなってからも、一生懸命に生きてくれた母ですが、先頃、傘寿《さんじゅ》（八十歳）の祝いをしたあと、張り詰めていた心が一気に弛《ゆる》んだのでしょうか。倒れてわずか十一日で逝きました」「思い出しました。おたくは神道でしたね」

宗教宗派はたくさんあるわが国ではあるが、その殆《ほとん》どが仏教系であり、神道による葬儀は比較的少ない。

神葬式では故人の生い立ちや足跡を神前で奏上する、いわゆる祝詞《のりと》を作る必要がある。普通は喪主が直接神職に会い、問いに答えるのであるが、時には我々がそれを聞き、メモを取って神職に伝えることもある。「ちょっと時間がとれんので、いつものように聞いとってや」と、宮司さんの依頼で私がその代役をつとめた。

「母の出生は三重県です。今は津市に合併されましたが、昔は一志郡一志町《いちしぐんいちしちょう》でした」「えっ！ほんまでっか！」ついはしたない言葉が出た。実は私も疎開して子どもの頃をすごしたところであった。「一志町はどちらですか」「葬儀屋さん、知ってはりますの？」「田尻と言うところです」「えっ！私は大仰《おおのき》です」。亡くなられたのは同じ小学校の三年先輩であった。

翌々日、先祖から氏子をつとめた神社の併設した会館で、おごそかな神式の葬儀が営まれ、伝統の儀式によって、「み霊《たま》うつし」の儀が厳粛に行われ、故人は黄泉《よみ》の国へ旅立った。

感無量で式にたずさわった私は、遠い遠いあの頃を思い出しながら式典を見守っていた。

疎開先で空腹を満たすのに桑の実をむさぼり食べたこと、敗戦間際、そんな田舎にも艦載機が飛来して機銃掃射をうけたこと。あんなことが二度とないように、戦争を実体験した私たちが語り継がなければならない。日本という大船の航路が少し右へ傾きかけている……。そんな事を思い浮かべていると、「もう終わりまっせ」と若い社員が言った。

なつかしいあの頃を連れて故人は旅立って行った。

二十九、音の変わった木魚

亡くなられたのは、地元の金物屋さんのご主人。商店会の役員もされ、先代から続く店先に「庖《ほう》丁《ちょう》研ぎます」と書いた古い木札が吊《つ》ってあり、近所から〝研ぎ屋のおっちゃん〟と親しまれていた。年末頃、体調をこわし病院を受診したところ末期の癌《がん》とわかり入院したが、梅雨入りの頃惜しまれながら帰らぬ人となった。

地域の福祉会館で葬儀が行われることになり、地元の古刹《こさつ》、浄土宗の寺院の住職が導師をつとめた。天気予報の通り梅雨入りの小雨の中、通夜式が行われた。

祭壇を花で飾り、おっちゃんのにこやかな遺影の前に柩《ひつぎ》が安置され、その上におっちゃんの大好きだったビリヤードのキューが置かれた。通夜の少し前に来られた住職がちらっと祭壇を見て、「葬儀屋さん、木魚がないで！」と言われた。浄土宗では木魚を使う。飾りを担当した職員がうっかり忘れ

たのであった。

あわてて取りに戻った職員がころげるように入って来て、ようやく間に合った。大勢の人たちが弔問に来て下さって、無事に通夜が終わった。

翌日、梅雨もひと休みか、晴れ間の覗く空の下で葬儀が行われた。読経が始まり木魚の音のリズムにのって「仏説阿弥陀経《あみだきょう》」が流れ、焼香の列が続いた。

その時である。ポクポクと鳴っていた木魚の音が急に変わり、ピシピシと笞《むち》で叩《たた》く音に変わった。木魚を叩くバイの、布でくるんだような丸い形の頭が、付け根から折れて飛んでしまったのだ。

〝しまった、点検しとけばよかった〟と思ったが後のまつり、しばらく笞で叩くような音が続いた、すると今度は急にカンカンと、まるで日蓮宗で使う木鉦《もくしょう》のような音に変った。

お導師が持ち手の部分を持ち換えて、逆さに取手の部分で木魚を叩いたのだった。

ようやく焼香が終わり、読経が終わり、導師が退場された。やれやれ、と思った途端どっと汗が噴き出した。

出棺前のお別れのとき、住職が傍《そば》に来て、花ひと枝柩に入れて下さり、いつ拾われたのかバイの頭を袂《たもと》からとり出し、「仰山《ぎょうさん》のお経に付き合うて、仰山の人を送ったこのバイの頭、お伴にしてお浄土へ行きなはれ」と言って柩の中へころりと入れられた。

三十、やさしい嘘《うそ》

「久しぶり！　元気か？」

何年ぶりだろうか、昔住んでいた町で、町会役員を共につとめた彼、たしか私より一歳下だったと思う。

「なつかしいな！　今でもラジオ体操やってるんか？」

「やってるで！　若いもんが役員になって今でもなにやかや活動してくれてる」「ほんで、ちょっと折入って相談あるんやけど、会われへんか」

何だろう……と思いながら、これまたなつかしいその町の喫茶店で会った。

「呼び出してゴメン。実は俺《おれ》の体のことやけど、もうあんまり長うないんや。去年の秋ごろから、どうも腹工合が悪いな……と思うとったんやけど、ほっといて、今年の春、思い切って病院へ行ったら、大腸癌《がん》や言われて、それも末期で他のところへも転移して、肺にも腫瘍《しゅよう》があるんやと……」

「エッ！そんなに見えへんけど……」

「そうやろ、そやから嫁はんには本当のことを言うてないんや。今はもう手術は出来ん、抗癌剤《こうがんざい》もあまり期待出来んと医者は言いよる。もう諦《あきら》めて、なりゆきにまかせようと思うてる」「それで君にお願いしたいのは俺の葬式のことや」

夕陽が差すカフェの窓辺で彼の目が涙で光った。

「奥さんに実際のこと言うてないんか？」

「君も知ってるように、事業に失敗して、随分嫁はんに苦労をかけたんや。もうこれ以上苦労をかけとうない。どんな苦しみも辛抱しようと心に決めたんや！」

たった一度妊娠した奥さん。生活苦から働き過ぎて流産し、不妊の体になって二人きりの生活だった。てのひらで涙を拭《ぬぐ》う彼の姿を見て、胸が一杯になった。


あれから二カ月半、市民病院で最後を迎えた彼。お迎えに行った病院の霊安室で、泣《な》き腫《は》らした眼をした奥さんが言った。

「この人の病気のこと、みぃ～んな知ってました。お医者さんには内緒にしてくれと言うてたそうやけど、お医者さんがこっそり教えてくれはりました。でもそんな彼のやさしさがうれしうて、私も知らんふりしてました。それでも悲しうて、夜中に便所の中で声をころして泣いてました。毎晩毎晩……」

悲しい、それでも嬉《うれ》しい嘘、私は精一杯、心をこめて送ろうと決心した。

三十一、読経の途中で

悲報が届いたのは梅雨じめりの黄昏《たそがれ》どき、以前住んでいた大阪市内の、かつて自治会長をしていた方からであった。

「悲しいことが起きました。あんたもよう知っておられる子ども会の健坊が、事故に遇うて、その時はそんな大ごとや思わんかったんやけど、三日ほどたってから急に倒れて、とうとう帰らん人になってしもうた。聞いてみると事故で頭を打って、その時は大丈夫やと思うとったんやが、脳に損傷をうけていて、じわじわと出血したんやと。倒れて救急車で病院へ運んだんやけど、もう駄目やった」

思えば六年前、四歳だった可愛《かわい》い子、大きな眼をして活発な子どもだった健司君、目を瞑《つむ》るとまなうらにありありと面影が浮かぶ。

「病院の紹介で、出入りの葬儀屋さんが家まで送ってくれたんやけど、母親が町会でお世話になったあんたに送ってほしいと、その葬儀屋さんを断ったんや」「よっしゃ、すぐ行くわ!」

なつかしい家並みの町、いろんな思い出を脳裏に浮かべながら、健坊の家を訪ねた。

「こんにちは、えらいことやったね」。そう言う私に、わっ! と泣き出してへたりこんだ母親へ私は言った。

「たった十年の生涯、そやけど、健坊はたくさんの人を笑顔にしてくれた。仏さんがきっとやさしく迎えてくれはるで……」

地域の会館で、お花を主体にした、やさしい祭壇をしつらえ、近所のお寺の住職がやさしい声で読経をはじめ、多勢《おおぜい》の弔問者の中で通夜がはじまった。

その時である。一人の若者が式場へ走りこんで来て、そして祭壇の前で土下座して、わっ！と声をあげて泣き出した。

「ごめん！かんにん！　こんな事になるとは思わへんかった！　自転車でボク（故人のこと）に当たったんはわしや、大丈夫かと言うたら、どうもないわ、大丈夫や……言うてくれたんで、そのまま行ってしもたんや」。そして泣き声で言った。

「わしも死にたい。今から警察へ行く。なんも知らんと、かんにん、誰かわしを殺してくれ!!」

突然のことに式場はざわついた。すると健坊の父親が彼の肩を叩《たた》いた。

「あんたを殺してやりたい。そやけどあんたを殺しても健司は帰って来やへん、責任を感じるなら、健司の分まで生きて、その分人に思いやりを持って生きなさい」

思いがけない事態に中断していた読経がはじまった。弔問の人々はハンカチで涙を拭《ぬぐ》い、胸にひびく読経の中、焼香が再びはじまった。

三十二、彼《か》の岸に蓮《はす》の花ぽつと咲いて…

人の死とは、こんなに悲しいものか、こんなにいとおしいものか、そしてこんなに美しいものか、そしてそして、こんなにも純粋なものか。

記憶に新しいのが、キャンディーズの田中好子《よしこ》、スーチャンの死である。そのいのちの消えゆく間際のメッセージ、テレビの放送であのいのちの翳《かげ》りゆくはざまの言葉に私たちは感動で涙した。

死に直面したとき、人生の長短にかかわらず、来し方のすべてが美しくうつつにめぐる……。それが人間なのかも知れない。

山襞《やまひだ》に雲が這《は》い上がり、梅雨明けの兆《きざ》しを感じる早暁、電話が入った。

以前から予約をうけていた方から、九十二歳になられた父君が臨終を迎えられたとのことであった。

三カ月前から体調を崩し、入院されていたが、一週間ほど食事が喉《のど》を通らず、ご当人の意志で延命措置は行わず、静かに今生《こんじょう》を後にされたと言う。

「昨夜、小さな消え入るような声で、途切れ途切れ発した言葉、メモしてくれと言うので何度も聞き返してはメモしました。

郵 便 は が き

料金受取人払郵便

代々木局承認

7777

差出有効期間
2019年12月25
日まで

（切手はいりません）

151-8790

243

（受取人）

東京都渋谷区
千駄ヶ谷4—25—6

新日本出版社

編集部行

この本をなにでお知りになりましたか。○印をつけて下さい。

1．人にすすめられて（友人・知人・先生・親・その他）

2．書店の店頭でみて

3．広告をみて（新聞・雑誌・ちらし）

お買いになった書店名

書名（　　　　　　　　　　　　）　　愛読者カード

▫本書を読んでのご感想・ご質問・ご意見をおきかせください。

▫あなたは、これから、どういう本を読みたいと思いますか？

▫最近読まれた本を教えてください。

ありがとうございました。

おなまえ	男・女
おところ	
年齢　　歳	

知り合いの人や、寺の門徒（檀《だん》信徒のことを浄土真宗ではこう言う）の人が見送りに来てくれたら、葬式のときにわしの代りに言うてくれ、と言いますのや」

長い間、お寺の世話役をしていたその人は、近隣の方々や、お寺の門徒連にとって、尊敬される存在だった。

「わかりました。葬儀の時に、故人様のダイイングメッセージとしてご披露しましょう」

梅雨明けの空に薄雲のかかった日に、なつかしいお寺で葬儀が営まれた。

「流転三界中　恩愛《おんあい》不能断《ふのうだん》　棄恩入無為《きおんにゅうむい》　真実報恩者《しんじつほうおんしゃ》」。導師が偈《げ》を唱え着座した時、私はマイクを持った。

「故人様の最後のメッセージをお伝えします。故人様のお命が召される直前のお言葉です。

『此岸《しがん》から彼岸《ひがん》へ　蓮のうてなの渡し舟、阿弥陀《あみだ》さまのお迎えで、あちらへ参ります。お世話になりましたが、魂の永遠《とわ》に安らぐところへ旅立ちます。十万億土への長い道のり、でもご案じ下さいますな。皆さんとすごしたあの日あの時の思い出をたくさん手土産に、まっすぐ参ります。倶会一処《くえいっしょ》、また会える時まで、ひと足お先に参ります。かの岸に、蓮の花ぽつと咲いて、花あかりとてもきれいです』」

あちこち啜《すす》り泣《な》く声がして、ご住職がそっとてのひらで瞼《まぶた》を拭《ぬぐ》われた。

三十二、民報のとり持つご縁

天王寺区夕陽丘《ゆうひがおか》に勝鬘院《しょうまんいん》という寺がある。愛染明王《あいぜんみょうおう》をご本尊とするお寺で、恋愛成就の願かけをする人が多く、境内にある桂の大木は愛染かつらと呼ばれている。

このお寺で行われる夏季法会《ほうえ》は夏まつりと称され、大阪で一番早い時期の夏まつりと言われる。梅雨末期の六月三十日、七月一日なので時々雨がぱらつき、それを称して「愛染ぱらぱら」と言い伝えられている。

幼少期を過ごした玉造《たまつくり》の真田山《さなだやま》小学校の同級生「信《のぶ》ちゃん」から電話があったのは、生国魂神社《いくくにたまじんじゃ》夏祭りの宵宮《よいみや》の日。「久しぶりやね、元気か？　ちょっと相談したいことがあるんやけど会われへんか」。環状線玉造の駅で待ち合わせた。

「君、大阪民主新報いう新聞で、なんや連載してるんやて？　克之《かつゆき》が言うとった。君、知らんやろけど、真田山で一級下やった奴や。

君が葬式の仕事してるなんて知らなんだ。実はわしの嫁はんが、癌《がん》でな、それも今はステージ４であちこちへ転移しててな、あと一カ月も持たへんかも知れへんって、医者が言いよる」

土木関係の仕事をしていた彼、色黒でいかつい顔をくしゃくしゃにして泣き出した。

「人も羨《うらや》む仲良しの嫁はんやったらしいな。そんで、三人のお子さんや、お孫さんは元気なんか？」。

問いかける私に彼は言った。

「息子も娘も、ほんで孫もわしには出来すぎた奴《やつ》ばかりや、息子もその嫁も、娘の婿も、ようしてくれる」「ほんで聞いてくれ、この間、愛染さんの祭りに嫁はん車椅子《くるまいす》にのせて、みんなで行ったんや。あの愛染かつらの前で、次の世も、その次の世も一緒になろうな！と誓うてな！　ほんで二人で抱き合うて泣いたんや。家族みんな泣きよって、はたの人が不思議そうに見とったわ！」

彼の奥さんとは面識がないが、私の出来る限り精一杯お世話しようと思った。

あの日から二カ月余り、とうとうその日が来た。総合医療センターで最後を迎えた彼女。清水谷の古刹《こさつ》で荘厳な、でも、やさしい葬送の儀がとり行われた。

ご住職のご好意で、故人の好きだった音楽を流し、お訣《わか》れのことばを静かに語り、境内に張ったテントの内では悲泣が渦巻いた。すべて終わった夜、信ちゃんが言った。

「おおきに、ええお葬式やった。君にお世話してもろて本当によかった。家内もおおきに言うて旅立ちよったと思うわ。これもあの大阪民主新報とかいう新聞のお陰や」

すでに退職している私に協力してくれた、旧同僚に感謝しつつ、私の役目を了《お》えた。

三十四、盂蘭盆会《うらぼんえ》にご先祖のもとへ

彼は一級土木施工管理技師、歴《れつき》とした国家資格を持っていた。

その彼が不慮の事故で身罷《みまか》ったのは、関西での月遅れのお盆の二日前、雨上がりの空に夏の雲が浮かぶ猛暑日の午後。

今を去る十九年前、阪神淡路大震災の翌年であった。震災復興の工事たけなわの折、西宮の浜近くの造成工事の現場で、ライフラインの一つ、電信施設の地中化工事に携わっていた彼、現場監督として作業員を指揮していた。

我々はマンホールと言えば丸い金蓋《かなぶた》しかわからないが、地中にはケーブル線の通路であるパイプが交錯し、その中を電気高圧ケーブルや、電話の回線が通る。その接続点や保守のため、深い所では三～五メートルの地下に大きな部屋があり、その出入口があの丸い金蓋なのだ。

造成地にそのマンホールを構築する工事、その現場指揮をするのが彼の仕事であった。

小さな工務店を経営する友達からの連絡であった。

「えらい事が起きた！　マンホールを作る掘削中にヤマ（土砂崩れ）が来て作業員が埋まった。ほんで、助けに入ったうちの主任が二回目のヤマで埋まってな。先に入っていた奴《やつ》は助かったんやが、二回目に大崩れしたヤマで全身埋まってな、掘削機のバケットをおろし、みんなで手掘りで掘り出したんやけど……」。そしてすすり上げる音のあと、「頸骨《けいこつ》も肋骨《ろっこつ》もバキバキに折れて……あかんかった」西宮市の湾岸沿いの砂質層のため、思ったより浅くても崩壊が起きたのだった。

前途ある技師、まだ三十二歳の独身、悲しみの三日間が始まった。

故郷《ふるさと》の島根から両親と弟、妹、それに友達がマイクロバスで到着したのは翌日の昼頃、そしてそして、秋に式を挙げる予定の許婚《いいなずけ》も同乗して到着、まだ少し泥の残っている遺体に抱きついた。

西宮市東部にある名刹《めいさつ》で葬儀が行なわれ、花に囲まれた遺影のにこやかな笑顔がより悲しい空間を作った。寺苑《じえん》に張られたテントの中は溢《あふ》れんばかりの参列者、重厚な読経の中、悲しみの焼香が終わり、父親が挨拶《あいさつ》に立った。

「息子を一番可愛《かわい》がってくれたのは祖母でした、今、息子は尊い使命をわが命をもって果たし、祖母のもとへ逝きます。皆さま、今日は盂蘭盆会、ご先祖さまが総出で息子を迎えてくれると思います。息子はお浄土へ還《かえ》りますが、どうか皆様、時には思い出してやって下さい」

テントの中ですすり泣く声がして故人は尊い今生《こんじょう》をあとにした。

三十五、それぞれの八月十五日

「大阪民主新報」の連載をはじめて、あらためていろいろな思い出が甦《よみがえ》った。「いじめっ子のやさしさ」（前著『葬斂屋春秋』82ページ収録）を掲載していただいた時は、その文中に登場するいじめっ子の一の子分で、いつもお供として随行していた彼だ。唯一人、疎開っ子の私にやさしくしてくれたのは彼であった。

訃報《ふほう》があったのは朝蝉《あさぜみ》が鳴きはじめた夜明けどきであった。亡くなった友の孫娘からのメール。涙の絵文字が悲しみを語っていた。

しばらく便りの交流も途絶えていたが、元気に過ごしていると思っていた。昨年の盆帰省のときはハイタッチして、お互いの無事を喜んだものだった。

すぐ電話した私に孫娘は、「おじさんのこと最後まで心に残っていたみたいです」と涙声になった。

昭和十九年、大阪から疎開した村で私を待っていたのは強烈ないじめだった。学生服を着て運動靴を履いた都会の子は、まるで異邦人のような扱いをうけた。そのいじめグループの中で、唯一人、やさしく接してくれたのが彼であった。

戦争末期、食糧難、蛋白源《たんぱくげん》の不足を補うために兎《うさぎ》を飼い、その肉を貴重な蛋白源としていた。その飼料として野生の雑草を摘みに行く。鎌と籠《かご》を手にして私も連れられて同行したものである。時には米軍の艦載機に機銃掃射をうけたこともあった。

やがて八月十五日が来た。

召集を免《まぬが》れた父は、ラジオの前で玉音《ぎょくおん》放送を聞いて涙を流した。あの哭《な》くような玉音を聞いた父は、「よっしゃ！命をかけて戦うぞ！」と言った。終戦の意味がわからなかったのだろう、それほど、洗脳されていたのだ。

訃報と共に友の顔が、そしてその頃の思い出が甦った。

「おじさん、私にはようわからへんけど、死ぬ間際におじいさんが、おじさんのことを言ってました。うわごとみたいに『まかしとけ』、『だいじょうぶや』……。なんのことやわからんけど、おじさんの名前を呼んでました」

私はまざまざとあのときの光景を思い出した。

「おっちゃん仕事で行かれへんけど、こっちから一生懸命拝んどくからな！」

早朝の蝉《せみ》しぐれの中、私は東の方、あの疎開地の方角を向いて合掌し、田舎《いなか》のお寺でよく唱えたお経を心こめて読誦した。

〝それぞれのあの日　八月十五日〟

送

三十六、歌詠《よ》みナース

県立病院で身罷《みまか》られた方をお迎えにゆく時、たびたび顔を合わす看護師さんがあった。やさしい眼をして、そのスリムな体型に似合わないてきぱきとした仕草と、心のこもったお見送りの姿にいつも感心していた。

ある時、死亡診断書の出来るのを待っていた霊安室の遺体の傍《そば》に彼女が来て言った。

「葬儀屋さん、お名前は辻井康祐さんでしょ」「そうですよ、なんで?」と聞く私に彼女は言った。

「この間、お宅の会社の別の方がお迎えに来られたとき聞きました。時々新聞の短歌で見るお名前ですよね」「へえー、歌に興味あるの?」。フフッと笑った彼女。そのうちに診断書が届いた。

「それじゃ、お送りします」。付添いの遺族の方が涙声で「お世話になりました」と挨拶《あいさつ》され、ご遺体は寝台車に向かった。その時である。その看護師さんが私に紙切れを渡した。

「はずかしいんやけど……」。何気なく開いてみると、そこにはかなりの達筆で短歌が書かれていた。

「おお!　あとで読ましてもらうわ!」と受けとった。

ご遺体をご自宅に安置して、あらためてその紙切れを見た。

「真夜《まよ》そっとカーテン細目に寝息聞き胸撫《な》でおろすわれの生甲斐」。私はぐっと胸が熱くなった。

その後度々《たびたび》、顔を合わすたびに紙切れを渡してくれた。

「昨日《きぞ》の人明日はいまさぬ悲しさにシーツを替える心空《むな》しも」

「癒えし人荷物を下げて帰りゆく再び来ることなかれと祈る」

「生きたいと切にのぞみつ逝く幼《おさな》そちらの空はもう秋ですか」

「点滴の粒数えつつクランケの安き寝顔にそっと手をやる」

「病窓の四角い秋を眺《なが》めつつ帰してあげたいあの空の下」

いずれもナースの心情、それも心から治癒《ちゆ》を願った医療に携わる者としての使命観溢《あふ》れる心情を綴《つづ》ったすてきな短歌であった。

「新聞や歌誌に投稿したら……」と勧めてみたが、「そんなん、私なんかとてもとても……」と言った。

ある日、お迎えに行った時、別の看護師さんが言った。

「葬儀屋さん、彼女、新潟の実家へ帰ったよ、認知症のお母さんの介護やて！」と言った。苗字《みようじ》だけは名札を見てわかっていたが、その外は何もわからない。でも、そちらでも短歌は続けてくれよ！……と祈っている。

三十七、驕《おご》りたしなめる栞《しおり》

梅雨明けを思わせる炎暑がやっと昏《くれ》かかった夕刻、訃報《ふほう》がとどいた。亡くなったのは古い俳友。ここ三年ばかり体調を崩して句会にも顔を見せなかった。糖尿病が悪化して、体のあちこちに病変が見られ、長期入院を余儀なくされていたとの事、七十九歳であった。

「句会の皆さんと楽しい交流があったことを、最後まで話してました。家族だけでひっそりと送ろうと思いますが、俳句のお友達だけには知らせようと思い、ご連絡させていただきました」

早速駆けつけた彼の自宅は北摂（大阪北部地域）の静かなたたずまいの一軒家。すでに遺体は自宅に安置されていて、枕《まくら》飾りの前で香を焚いた私に、ご夫人が言った。

「お見送りに来て下さった方、特に俳句のお友達に主人の俳句を何かの形で、お世話になった感謝、主人の形見として差し上げることは出来ないやろか。句集もいつか作ろうと思うて、とうとう果せんかったので」

しばらく考えて、ふっと思いついた。

「そうや、俳句の栞を作りましょう。俳句に絵もつけて、俳画の栞を作って、会葬御礼の封筒に入れよう」「ほんなら作ってくれはりますか！」

えらいことを言ってしまった。承諾したものの、印刷をたのむ時間はない。すべて手描きをしないと間に合わない。家族葬とは言え、百人は来られるだろう。さあ、それからが大変。友引の日を挟んで二日間、画用紙を買い、手芸店でリボンを買って、一生懸命、徹夜で栞を作り、故人の句帳から一句一句、絵と共に書き上げた。それを会葬御礼の封筒に入れ、出来上ったのは葬儀式の朝だった。

「まあ！うれしい。主人のええ置き土産になりました」。夫人の喜ばれる顔を見て肩の力が抜けた。

近くの古刹《こさつ》で荘厳な葬送の儀がとり行われ、会葬者一人ひとりに栞入りの礼状を手渡し、滞りなく式が終わり、霊柩車が悲しみのホーンを鳴らして火葬場へ向かった。

ひと汗拭《ぬぐ》い、冷たいもので喉《のど》をうるおし、会葬者用の天幕にしつらえた屑籠《くずかご》をふと見ると、なんと、丹精こめた栞が一枚捨てられている。「なんでや！一生懸命作ったのに！」

折れそうになる心で拾い上げてみると、それに書かれている俳句は「忍冬驕る《すいかずらおご》心をふり返る」とある。あっ！と気付いた。

〝してあげた〟〝喜ばせてやった〟〝俺やから出来たんや！〟その驕る心を戒《いまし》めてくれる仏さんのおはからいだった。その一枚の栞は私の宝物として、大切にしている。

三十八、やさしい住職

そのお寺はこの街で屈指の名刹《めいさつ》、臨済宗のお寺である。

しかし、そのお寺のご住職は見るからにやさしいお顔。いつもにこやかに、少し細めの目が丸いお顔と相俟《あいま》って穏やかな雰囲気を醸し出され、お会いするたびに心がほどけてゆく、そんなお方である。だが、ひとたび儀式に入られると、まるでお人が変わったように凛《りん》としたお姿と読経の声、作法のひとつひとつが心にしみて、つい身をただす、そんなご住職である。

「檀家《だんか》さんが亡くなりました。お宅でお葬儀お願いします」

電話を下さったのは、ご住職の奥様。この宗派では奥様を「方丈さん」と呼ぶ。方丈とは寺院の住居、庵室《あんしつ》のことを言う。その裏方を守るという意味である。

亡くなられたのは檀家総代もつとめられた地元旧家のご主人。平均寿命にはまだ早い七十二歳であった。

ご遺体を本堂に安置し、生花を主体とした花祭壇《はなさいだん》に滋味溢《あふ》れる笑顔の遺影を飾った。寺苑《じえん》に大テントを張り、それもたちまち会葬者で溢れた。

脇侍二人を従えて入堂された住職、凛とした背中はふだんの気安さを感じさせない。開式と共に前《ぜん》誦《しょう》、そして引導作法、それは禅宗独特の「喝《かつ》」という偈《げ》である。

すっくと立たれた住職、松明《たいまつ》を摸《も》した菊の花一枝を廻しながら偈を唱《とな》え、やおら「カァ〜ツ!!」と腹の底から出される大声。

すると式場前列に座っていた喪主さんの子ども、故人の孫にあたる男の子が、導師のあまりにも大きな声にびっくりしたのか、「わぁーん」と泣き出した。それは住職の声にも負けない大きな泣き声。

しーんと静まり返った式場に響き渡った。

あわてて抱きしめた母親、それでも泣き声は止《や》まず、式場内はざわめき、失笑あり、又微笑みもあり、さすがの住職も一時中断してふり返りにこっと笑って下さった。

やがて式が終わり、出棺の時、法衣に輪袈裟《わげさ》をつけた住職が柩《ひつぎ》のそばに来られた。そしてその子どもの頭を撫《な》でて、いつものやさしいお顔で言われた。

「びっくりさしてごめんやで！　あれはな、お爺《じい》ちゃんを仏さんのとこへ送るのに、この世での垢《あか》や、ほこりや、汚いもんはとんでけ！というて、きれいにする作法なんや。ほれ見てみい、お爺ちゃんのあの安らかな顔を」

「うん！」と頷《うなず》く子を見られるのは、いつものやさしい住職の眼であった。

三十九、神葬式のひとコマ

日本古来の宗教、それは神社信仰であろう。中でも「八幡社《はちまんしゃ》」「天神社」「住吉社」が多く、八幡社はいくさの神、天神社は菅原道真を祀った学問の神、住吉社は海にまつわる神と言われている。ところで寺院が母体となって経営する保育園や幼稚園はたくさんあるが、まれにあるのが神社が母体となった保育園である。

兵庫県のある街に天神さまを祀った神社があり、併設する保育園があって、道真の故事に倣って「梅香保育園」と名付けられている。

顔馴染《なじ》みの園長でもある宮司さんから電話があったのは、小さな秋の訪れを感じる夕刻。

「園児が事故で亡くなりました。ひとりっ子でしたので親御さんが憔悴《しょうすい》し切って、どないしたらええかわからん言うて……。あんたにお世話してもらえんやろか？」

早速伺ってみると、マンションの一室で眠っている小さな遺体。五歳の誕生日を迎えた三日後、夏休みの終わりに思い出を作ろうと出かけた北摂（大阪北部地域）の地で、川遊び中に、深みへ流され溺《おぼ》れて、引き上げたあと、懸命に心臓マッサージをしたけれど、助からなかったそうである。

泣《な》き腫《は》らした眼で遺体の頬《ほお》を撫《な》でる母、見るからに可愛《かわい》い顔の男の子であった。

神社では普通葬儀をしない、神域を死穢《しえ》で汚さないためである。

しかし、神域とは言え、併設の保育園で葬儀が行われ、たくさんの園児や、保護者が参列して悲しい空間が生まれた。笙《しょう》、篳篥《ひちりき》の悲しい音色の中、玉串奉奠《たまぐしほうてん》が続き、その後、園児がそれぞれ菊の花一枝ずつ、玉串台に献花した。

参列者一同の奉奠がすみ、雅楽の止んだあと、異例であるが、宮司さん、すなわち園長先生が装束のまま向き直られた。

「皆さん、お見送りありがとう。優斗くんは今、みなさんにさよならして神様のみもとへ行きます。皆さんと遊んだこと、お遊戯したこと、たのしかったことをいっぱい思い出にして、神さまのお国へ行きます。でも、その途中には黄泉津平坂《よもつひらさか》と言う難所があります。それを無事に越えるために、皆さんでお祈りをしましょう。優斗くんのあの可愛いかった笑顔を忘れないでね！」「それから、いつか又会うためにみんなで大きな声で送りましょう」「優斗くん!!また会うまで！さようなら!!」。宮司さんの言葉に合わせて、園児が声を揃《そろ》えて叫んだ。そして一人の女の子が「ありがとう！」と言った。するとみんなが「ありがとう!!」と叫んだ。

青く澄んだ空に雲がひとつ浮かんで、それはまるで純真な心のまま逝く彼を迎えに来たようであった。

四十、つけかえた法名

「着信は『六甲颪《おろし》』ケイタイの電源入れて葬場を出る」

熱狂的な阪神ファンの僧侶《そうりょ》が居られた。その僧侶のことを詠《よ》んだ私の短歌である。

今から二十三年前のことである。その僧侶から葬儀の依頼があった。

「有名人やで！　あんじょう頼むで！」とのこと。駆けつけて見ると、それはプロ球界に名を馳せた大打者であった。

地元の大寺院で葬送の儀を行うことになり、連絡を下さった住職が導師をつとめられることになった。

住職は早速法名をつけ、みごとな達筆で位牌《いはい》に揮毫《きごう》された。それは一般的な位牌ではなく、坊塔位牌という大型の一段と立派なものである。付けられた法名は「富徳院釋善照《ふとくいんしゃくぜんしょう》」。

豪華な花祭壇《はなさいだん》にユニホーム姿の遺影が飾られ、立派な位牌が置かれた。

その時、花飾りをしていた花屋の職人が、ふと洩《も》らした言葉が住職のお耳に届いた。

「へえ〜、富徳院さんでっか。ふとくいん……ふとくいん、あのふとくのいたす（不徳の致す）ふとくいん……」

それを聞いた住職が、「ちょっと待て！　位牌をおろしてくれ！」と言われた。

「葬儀屋、大至急位牌をもう一つ持って来てくれ！」。あわてて社へ取りに戻った。すっかり飾り終えた立派な祭壇に、位牌台だけが淋《さび》しく置かれていた。

やがて位牌が到着した。そして住職が力強く書かれた法名は「富善院釋徳照」と書かれていた。「徳」と「善」を入れ換えられたのであった。

式当日は大勢のファンが殺到し、地元の警察署から交通整理に出動された。受付も著名な選手、プロ球界の至宝と言われた現役選手、元名選手も参列され、そして当時の監督に引率されてユニホーム姿の選手も参列された。

荘厳な式が営まれ、球界の至宝の旅立ちに涙した。

そして、出棺の際は、霊柩車《れいきゅうしゃ》がタクシーとバスを引き連れて、甲子園球場の周囲をゆっくりと廻り、旅立つ大選手に思い出を捧げお別れをした。

世紀の大選手、名バッターの、あの豪快なスウィングがお浄土へ旅立ってから二十三年、今もあの空から日本のプロ球界を見守って下さっているのだろう。

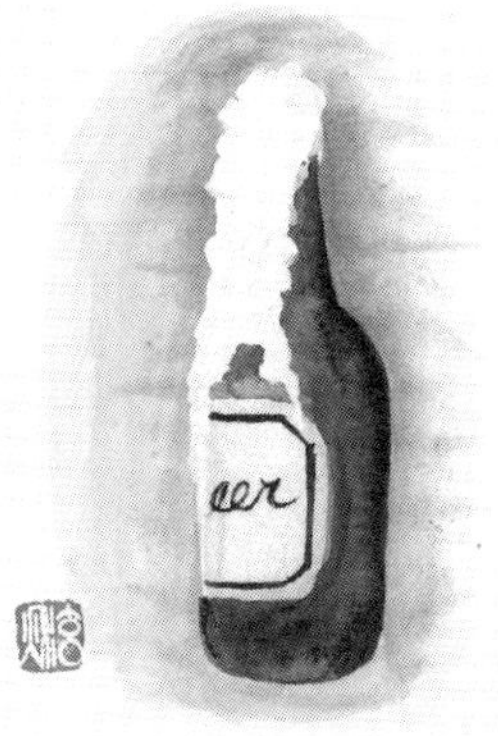

四十一、一人息子の涙

みじかい秋がそろそろ背を向けはじめ、冬将軍に席を譲ろうとしている。そんな夕暮れ、市の中核病院の馴染《なじ》みの看護師長さんから葬儀依頼の電話が入った。

亡くなったのは六十四歳の男性。脳動脈瘤《りゅう》を放置して、というより気付かず、破裂して脳内出血をおこし、救急搬送されたが、すでに心肺停止であった。

シャッター通りと悪口を言われるような古い市場。殆《ほと》んどの商店が店を閉め、撤退した中で、がんばって履物店を経営し、「死ぬまでここで店を開けるんや！」と言い切る頑固もので通っていた。

たった一人の息子とは折り合いが悪く、大学を出て建設会社に就職した途端、息子は家を出てひとり暮らしをはじめた。ところがそのあとすぐに母親が乳癌《にゅうがん》から転移した肺癌で亡くなり、葬儀の時だけ出席し、また父親と別々に暮らすことになった。

「葬儀屋さん、あんたのところの会場へ運んでや、家へは帰りとうないんや。このくそおやじ、おかんのとこへ行きよって、すっとしたわ」

よほど折り合いが悪かったんだろう。それにしてもそんな言い方ないで……心中むかっとしながら、自社の式場へ運んだ。

夜になって親族や、故人の出身地からも兄弟がやって来た。

「頑固おやじがあの世へ行きよりました。これであの店もようやくたためます。すっとしました」

出前の食事をとりながら、親族の人たちに話すのを見たが、みな複雑な面持ちをしていた。

食事が終わり別室へ案内し、宿泊の用意をして、式場は柩《ひつぎ》と、枕《まくら》飾りの灯明《とうみょう》だけになった。

さて、夜十一時も過ぎた頃、火災防止の為、灯明を電気蝋燭《ろうそく》に替えようと安置室に行ったときのこと。部屋の中から啜《すす》り泣く音がして、そうーっと覗《のぞ》いてみると、なんとあのあっけらかんとしていた息子が、柩に抱きつくようにして、小さな声で「お父ちゃん！お父ちゃん！」と囁《ささや》くような声で呟《つぶや》きながら泣いていた。

私はそっとその場を離れた。

翌日の通夜、翌々日の告別式を気丈にとりしきり、悲しそうな顔もせず、涙も流さずに過ごした息子。地元の寺院の住職の読経で立派に営んだ葬儀、いよいよ出棺の時が来て、司会者の出棺の挨拶《あいさつ》の横に直立している息子。きりっと結んだ口許《くちもと》、しかしその手にした位牌《いはい》が幽《かす》かに震えている。

一昨夜の姿を垣間《かいま》見た私は胸に熱いものがこみ上げた。

四十二、素人ばかりの葬儀

テレビが十時の時を告げ、そろそろ寝室に入ろうとした時電話が鳴った。

「夜分すみません、ちょっと助けて下さい」

仏教系の新宗教の壮年部の役員をしている知人からだった。

「信者さんが亡くなりまして、今夜お通夜でしたんやけど、それが、みんな素人ばっかりでシッチャカメッチャカになりましてん」

聞いてみると、亡くなった人もその信者。だから敢《あ》えて信仰する教義のもとで葬儀をしてほしいと常々言っていたので、遺族は遺志を尊重して葬儀をすることになった。

病身で、かねてより生活保護をうけていて、支給されるわずかな葬祭費での葬儀。市指定の葬儀社も、ただ荼毘《だび》に付すだけの費用しか支給されず、通夜や葬儀などは省略するのが普通である。

しかし、その宗教の信者たちは、すべて自分たちの奉仕でその人の旅立ちを手伝おうとしているのだった。

六十九歳という少し早い旅立ち。親戚《しんせき》の中にはこの宗教で見送ることに反対する者も居たが、故人の遺志を通した。しかし、葬儀社の小さなホールで、通夜を行ったが、未経験者ばかり。一応読経して焼香をするのであるが、葬儀社はたった一人の若い職員だけ残して帰ってしまった。

いつ読経をはじめ、いつ焼香をしたらよいか、もちろん指導出来る者もなく、それこそシッチャカメッチャカな通夜になってしまったとの事。

「たのんます！」。泣くような依頼に、「よっしゃ！　明日葬儀の手伝いをしてあげるわ！」と承諾した。

小さなホール、何の飾りもない葬場でぽつんと柩《ひつぎ》だけ置かれ、その前に焼香台が置かれ、それでも線香が立ててあった。

午後一時からの葬儀式、その一時間前に遺族や導師役と打合わせをした。開式の辞、読経、焼香の案内、どこで、誰《だれ》が、どうするのか、参列者はどうして、いつ焼香するのか、規範など何もない中、独断で決めて、一時から開式となった。あらためて聞きとった故人の経歴や信仰歴などを少々美化して開式前に静かな音楽と共にナレーションした。

滅多にないその宗教での旅立ちが見事に具現し、柩を開けて最後のお別れに、その宗教の経典を胸に入れた。

ホールの入口をチラッと見ると、葬儀社の職員が三人ほど、あわてて眼をそらした。故人は経典を胸に少しみじかい今生《こんじょう》をあとにした。

四十三、縁を結ぶ因

「大将、お元気でっか？」

ドアを開けた運転手がふり向きざま言った。

雪のちらつく駅前からタクシーに乗りこんだときだ。その顔は見覚えがあるが、定かではない。

「ごめんやっしゃ、どなたはんでしたかな？」と問う私。

彼はいきなり握手を求めて来た。

「おかんを送るときお世話になりました。あのときのご親切、忘れまへんで！」

やっと思い出した。六年前、ひとり暮らしの女性が孤独死したとき、おろおろと泣きながら戸惑っていたあの息子さんだった。

「お母さんは、人がいつか必ず逝くところへ行かはりましてん。あんたさんの涙が何よりの供養です。お金ばっかりかけんでも、真心で送りましょう」と励ました。泣きながらうなずいた息子さん。

六年経《た》った今、タクシーの運転手として出会うのは何かの縁なのだろう。

座席に凭《もた》れながら眼を閉じて、あの時のことを思い出していた。

「親父は早う亡くなりまして、おかんは一人で私を育ててくれました。親父は九州佐賀の出身やと言うてました。けど、親戚《しんせき》のことやらなんもわかりまへん。葬儀屋さん、どないしたらええんですか?」

「わかりました、ゆっくり相談しましょ」

聞いて見ると母一人、息子一人。母はつれあいを亡くしてから、一人で息子を育てたのだという。やっと高校を卒業した息子は、コンビニのパートや、居酒屋の店員をしていた。

「お金もないし、相談できるのは近所のおっちゃん、おばちゃんだけです」「葬儀屋さん、おかんが貯《た》めたんはこれだけです。これでなんとかなりませんか」

郵貯の通帳には十九万五千三百円が残っていた。

近所の福祉会館を借りて、質素ながら心をこめて旅立ちを見送った。

心易いつきあいのお寺にたのんで、その寺の院代が、ほんの少しばかりのお布施で送ってくれた。

「大将、着きました」「あの時ほど人の情が心に沁《し》みた事はおまへんでした。おおきに、いつまでも長生きして下さい」

少しうるんだ眼をした彼に、「がんばってや!」と言ってタクシーを降りた。

小雪が止《や》んで西空にちらっと青空が覗《のぞ》いていた。

四十四、ころがりこんだ仕事

松の内も過ぎて平常のいとなみが戻り、街にはまた喧噪《けんそう》の日々が始まった。

そんな夕刻、同業の大手会社から電話があった。「すみませんが、仕事をひとつ受けてもらえませんか」

詳しく聞いてみると、喪主さんとの言葉の行き違いで、怒らせてしまったとの事。それは難病をかかえた娘さん、筋ジストロフィーで、長い闘病生活の末、とうとう呼吸不全で身罷《みまか》られたのだそうだ。行年三十一歳の娘さん、入院していた病院と提携している大手葬儀社がご遺体を引きとり、霊安室に安置してあると言う。

なにげなく、社員がふと洩《も》らした言葉、それは誰《だれ》も居ないと思って言葉にした。ところがお手洗に行かれた喪主、すなわち故人の父親が通りがかりに部屋の中の会話を聞いてしまったのであった。

「あんな娘さんかかえて、親御さんも大変やで、死んでほっとしてはるんとちゃうか」

それを聞いた父親が、いきなりドアを開けて怒鳴った。

「なんちゅうことぬかすねん!!　わしの大事な大事な娘やで、わしも一緒にあの世へついて行きたいんじゃ!!」

　さあ大変、その社員と上司が三拝九拝してお詫《わ》びをしても許してはくれない。

「他のもっと心のこもった葬儀屋を紹介せえ!!」。いくら詫びても頑としてゆずらない。

「わかりました。誠心誠意お世話しましょう」。寝台車と乗用車を差し向けた。

　自社の霊安室に、憮然《ぶぜん》として不満げな顔で到着された喪主の顔を見て驚いた。彼も同じ驚きの表情で車を降りるなり、いきなり握手をして来た。

「へえ〜、あんた葬儀屋さんやったんでっか!」

　それは、市の短歌大会で親しく話し合った人だった。彼は奨励賞、私は文化団体協議会会長賞をもらって、懇親会で親しく話し合ったその時、ふと娘さんのことを洩らしていた。

「一人娘でんね、それがな……」と涙をこぼしながら語っていた。

　翌々日、彼の菩提寺《ぼだいじ》である浄土宗の名刹《めいさつ》で葬儀が営まれた。荘厳な式場で多勢《おおぜい》の見送りびとに囲まれた遺影がやさしい眼をして、「ありがとう」と言っているようであった。

　火葬場から戻った彼は、私の手をとり、「ありがとう!　君に送ってもらえた……それはあの葬儀屋の若い社員がいらんこと言うたさかいや。ほんでも、そのお陰であんたに送ってもらえた。すべてに感謝や!」

　冬晴れの空に一艘《いっそう》の雲が浮かんでいた。

四十五、薄れない思い出

一月になるとどうしても思い出す、それは阪神淡路大震災。あれから二十一年、記憶はだんだん薄れゆくのが普通だろう。しかし、あの記憶だけは決して薄れゆくことはない。

あの日の朝、大阪市内に住んでいた私も、大きな揺れを感じて飛び起きた。

急いでテレビをつけ、あの惨状を知り、会社へ駆けつけた。尼崎市の会社へ向かう途中、西へ行くほど倒壊家屋が多く、水道管の破裂で水柱が吹き上がっている、道路の亀裂、車両の転倒。あらためて事の重大さが身に沁《し》みた。

やっと到着した会社。なんとか倒壊は免《まぬか》れたものの、葬祭用の設備は壊れて、社中に散乱している。三三五五と出勤してきた社員と、片付けをはじめようとした時である。

「助けてや！　おかんが乗ってんのや！　もう死んでる。なんとかしてや！」と飛び込んできたのは、あちこち傷ついた乗用車。会社の付帯設備の葬儀会館へいきなり乗り入れてきた。

「それは大変でしたな。そやけど死亡診断書がないと……」

「それはある。医者が書いてくれた。車から降ろしもせんで、もう死んだはる……いうて書いてくれたんや」。それには圧死、多臓器不全、17日午前6時20分と記入してあった。

さあ、それからが大変。自社の会館も近所の被災者、死亡者が次々と運び込まれた。おまけに県の葬祭業組合から動員依頼があり、交代で神戸市内の遺体収容所へ手伝いに行かなければならない。

火葬場は壊滅。荼毘《だび》に付すことのできない遺体がどんどん増えてゆく。

「こら！　いつになったら焼いたんのや！」。付き添っていた身内の男性がたまらず叫んで、私の胸ぐらを掴《つか》んだ。

「ようわかります……。悲しいね……」。そういう私もたまらず涙が湧《わ》き出した。すると、「ごめん。あんたも悲しんでくれてんやね。かんにんやで！」と、二人抱き合って泣いた。

結局十一日間でようやくすべてのご遺体を荼毘に付すことができ、ささやかながら、それぞれの形ばかりの葬儀も営みおえたのは、二月に入り節分の頃だった。

今、神戸の街はみごとに復興し、震災のあとかたもない。しかし、あの災害で身内を失って、老いた独り暮らしの人が次々と孤独死を遂げていく。

私の書斎には今も揮毫《きごう》して吊《つ》り下げてある俳句がある。

『地震《ない》ありし思い出しかと水仙花』

四十六、「旅費」の金封

風と花との字を重ねて風花《かざはな》と言い、美しい言葉である。空は晴れ渡っていながら、どこからともなく舞い降りる小雪のこと。冬の風物詩である。

そんな風花のなか、昼食をとろうと近くの食堂へ向かっていた時、携帯電話が鳴った。

「民生委員の畑尾さんから電話がありました。相談したいことがあるそうです」

早速電話してみると、相談があるので来てほしいとの事、昼食を諦《あきら》めてすぐに訪ねた。

「いつも無理言うてすまんなあ。実は生活保護を受けてる家の人が亡くなってな、それも年寄りが残って孫が亡くなったんや」

聞いてみると、その家族は八十三歳の女性と、その孫に当る三十歳の障害がある男性と二人暮し、あの二十一年前の阪神淡路大震災の被害者であった。当時神戸に住んでいた孫とその両親、三人家族で小さな雑貨店を営んでいたとのこと。震災と火災で無残にも命を奪われた両親。たまたま八尾市に住まう祖父母の家へ遊びに来ていた孫は災害を免《まぬか》れたのだという。

そして今から六年前、祖父は八十歳で他界し、今は祖母と孫の二人ぐらしであった。そして、そして不幸が重なった。孫が高校生のとき、進行性筋ジストロフィー症になり、徐々に進行してとうとう呼吸困難に陥り、祖母をのこして旅立ったのであった。

八尾から、孫が入院する兵庫医大のある西宮市に移り住んでまだ二年半のこと。祖母の年金と孫の障害年金だけでは生活出来ず、生活保護をうけていた。

とりあえず伺った喪家に安置されている遺体、その回りにたった四人の親族。「よろしゅうたのみます」。気丈に振舞《ふるま》う祖母に、うっすら開いた遺体の眼が「おばあちゃん、ごめんね」と言っているような気がした。

市から支給される葬祭費、その限られた範疇《はんちゅう》では僧侶《そうりょ》を呼ぶ費用はない。とりあえず枕《まくら》飾りをし、枕経《まくらぎょう》の代りに私が短いお経を誦えた。その時である。玄関のドアをノックして「お邪魔します」と入って来たのは、制服すがたのナース三人。

「このたびは……。私たち担当をしていたものです。苦しい中でも、いつも笑顔で、私たちの心を癒やして下さいました。これ……はずかしいんやけど……」と差し出したのは『旅費』と書かれた封筒。あの世への旅立ちの意味、そして一万円が入っていた。

「ありがとうございます」と受け取った祖母は〝わっ〟と泣き出した。

「よっしゃ‼坊さん呼ぼう‼」。こんな時、いつも心の支えとなってくれる西栄寺さん……。

窓の外には冬陽が差し、そしてまた風花が舞っていた。

四十七、六年後の手紙

「いやっ！　いやっ！　行ったらいやや！」警察署のモルグ（遺体収容安置室）で遺体に縋《すが》りついて泣き叫ぶ少女。「もう悪いことせえへん！　ごめん！ごめん！　そやから行かんといて！」

　遺体の後頭部からじわじわと流れ出た血がステンレスの安置ベッドを染めている。

「葬儀屋さん、もう検死は終わってるから、お運びして下さい」。警察官の言葉に、遺体を清拭《せいしき》して、とりあえず自社の霊安室へ運んだ。泣き続ける少女の肩を抱きながら車で運ぶ途中、少し落ちついたのか、ぽつりぽつりと少女が話しはじめた。

　少女が六歳の時、建設関係の仕事をしていた父が、現場で不慮の事故の犠牲となった。そして今、三つ上の兄は東京でパティシエの見習いをし、少女は母と二人暮らし、父の労災保険をとり崩してなんとか生活をしていた。

　今十七歳の少女。高校生になってから悪友と交際するようになり、グレてしまい、とうとう高校を退学してしまった。盛り場で遊びくらす毎日、当然お小遣いもいる。時々母の財布からそっとお金を抜き出し、母は見て見ぬふりをしていたのだと少女は言った。母はコンビニのパートで生活費を補い、娘との二人暮らしを支えていた。

その日、母の財布から一万円札を抜きとったところ、たまたまトイレから出て来た母に見付かった。「ええかげんにしいや！」と叱《しか》る母。娘は札を握ってとび出した。アパートを出てふと後を振り返り、母が追って来たのを見て、大通りの交差点を赤信号で渡り切った。母は信号を確認しないまま追いかけ、そこに大型のダンプが。急ブレーキをかけたが間に合わず、激突した。

跳ねとばされ、頭蓋骨《ずがいこつ》骨折と大量出血。救急搬送され、死亡が確認されて、警察署のモルグへ運ばれた。

「うちも死ぬ！」と言う彼女の背を抱きかかえ、「お母ちゃんはいのちをかけて、あんたにええ子になってもらう覚悟で交差点を渡らはったんや。お母ちゃんの分まで生きなあかん」。そう言って私も胸が一杯になった。

急遽《きゅうきょ》東京から帰った兄と、親族と近隣の人たちで、質素ながら心をこめて、近くの福祉会館で葬儀を行った。

あれから六年、あの時のように又日脚が伸びはじめた頃、あの娘さんから手紙が来た。

〝お元気ですか、今日母の七回忌をすませました。あの時のあなたさまのやさしさ、今も忘れません。私は今、特養で介護の仕事についています。どうかお元気で〟

四十八、挟まれた柩《ひつぎ》

三階の大式場ではすでに飾り終え、柩に入った遺体を待つばかりになっていた。ご親族一同は喪主を中心にして、二階の控え座敷で故人の思い出話に耽《ふけ》っておられた。

ご遺体はひとまず霊安室にご安置し、清拭《せいしき》し、エンゼルメークを施して納棺し、式場に運ぶ。その寝台車が到着し、柩は三階の式場までリフトに乗せて運ぶのである。

柩を乗せたリフトが三階へ到着した時、バリバリと音がした。エレベーターではなく荷物用のリフト、扉はない。丁度三階へ到着した柩を降ろそうとした時、供花を届けに来た花屋が一階でリフトの降下ボタンを押したのだ。

柩を出し切るまでに降下をはじめたリフト、柩の足元に当る一部がはさまって毀《こわ》れた。あわてて停止ボタンを押した時にはもう柩の一部が無残にも破壊され、遺体の足が露出している。

「えらいこっちゃ！　どないしょう！」。うろたえる社員に「すぐ納棺やり直せ！」と怒鳴った。幸いにして遺体は全く損傷がない。「俺《おれ》がご遺族と打合せするさかい、その間に急いでやれ！」

二階へ降り、ご遺族の控え室へ入った。眼を泣き腫《な》《は》らした喪主さんや、ご兄弟ご姉妹、その方たちの前で、故人の思い出や、お人柄、エピソードなどを聞く。式中に流すナレーションの内容を作るためである。いつもより長く時間をとり、納棺のやり直しの時間をしのぐため、雑談も敢《あ》えて交えた。

やがて社員が顔を出し、目配せをした。納棺が終わり、祭壇に安置したしらせであった。

「さあ！お飾りが出来ました。式場へいらして、祭壇をご覧下さい」

肝臓癌《かんぞうがん》が肺にも転移して、惜しくも六十八歳で身罷《みまか》られた故人。その整ったお顔はエンゼルメークでより美しく上品に、社員が心をこめて作った綿花の蓮《はす》の花が両頬《りょうほお》に納められ、「ありがとう」と言っていられるようなやさしいお顔にご遺族は、「おう！きれいやな！　わしらが行くまでお浄土で待っとってや！」と言われた。

私はそっとその場を離れ、司会者の席で祭壇に背を向けてそっと合掌した。思わず涙が溢《あふ》れてきた。

「よかった！よかった！」

もし、ご遺体に傷をつけていたら……と思うと冷汗が出る思いであった。

涙を拭《ぬぐ》って祭壇を見ると、お年より少し若い遺影が、「ご苦労さま」と微笑んでいられるようであった。

四十九、宗教の垣根越え

豊中市に住む内田さんから電話があったのは、黄昏時《たそがれ》であった。

「ちょっと相談があるんやけど、今、ええか？」「どうされました？」

仏教系の新宗教の教会で教務のお役をされている方である。

「実は古い会員さんが亡くなられましてな。こちらの会の葬送規範で見送りたいとの事なんやけど、古くからの伝統仏教の信徒の家のお生まれで、親戚《しんせき》の方々が、家伝来の宗派で送らなあかん！言うて、困ったはんのや。ちょっとアドバイスしてあげてもらえんやろか」

実家は古くから続く浄土真宗の門徒である。しかし近年は新宗教の会員として、心のよりどころ心の安らぎとして、事ある毎に教会へ足しげく通っていたと言う。

三年前、肝臓に腫瘍が見つかってから病と向き合い、教会に心の癒やしを、主治医の導きで生命をいとしみつつ、七十四歳の誕生を迎えた翌日、眠るように他界された。

「晩年は殆《ほと》んど教会の皆さんとの交流が彼女の生き甲斐《がい》やった。そやから教会の皆さんに見送ってほしい。そやけど親戚の人たちは浄土真宗で見送りたいと言うてんのや」

「わかりました、ご遺族にお会いしましょう」。すぐさまご遺族に会った。

「今、いろんな宗教が宗教協力で世界平和を築こうとしています。こうしてはどうですか。お通夜は浄土真宗で、そして葬儀は会員さんの会葬が多い教会の様式で営みましょう」

「そんな事できますか？」

元々その教会は他宗との協力を謳《うた》っている。そして私の尊敬する浄土真宗のお寺も同じ思想を推進し、開かれたお寺と言われている。

「よっしゃ！お寺にたのんでみます」

そして、みごとに実現した。位牌《いはい》を二つ用意し、通夜式には俗名を、葬儀式には教会で定められた戒名を私が揮毫《きごう》した。多勢《おおぜい》の僧侶《そうりょ》をかかえる浄土真宗のお寺からは、なんとご住職自身が導師をつとめて下さり、弔問者一同感激のひとときであった。

そして葬儀式当日、なんと、なんと、昨夜導師をつとめて下さったご住職が参列して下さったのである。

式場の地域福祉会館に溢《あふ》れる会葬者、故人と共に同信の教義に連なった信者、そして、読経がはじまった。導師役、脇導師役の信者と共に参列者の読誦《どくじゅ》の中、前列に座られたご住職の手には、新宗教の経典があった。

まさに宗教協力、世界平和のため、宗教の垣根をとり払ったすばらしいひとときであった。

五十、春一番のいたずら

今、葬祭業界にも新しい動きがあり、テレビでのコマーシャルにも登場する葬儀社が何社もあって、葬儀場も葬儀社所有の会館で行われるのが大部分を占める。

しかし、今でも地域の福祉会館や自治会館で行われることもある。

いずれにせよ、会場へ誘導する看板が必要である。矢印を示し、○○家告別式場と表示した掲示板を電柱などに括《くく》りつけて固定する。これを業界では「指差し看板」と呼んでいる。

八十三歳で今生をあとにしたその人は、愛知県出身、若くして大阪に移住し、船場の衣料品卸店に勤め、やがて東大阪に衣料品店を営み、結婚して一男二女をもうけて、なにわ商人として生涯を送った。

通夜式の日は風が強く、式場の鯨幕《くじらまく》を揺らし、「春一番やで!」と誰かが言った。

やがて日が落ちて通夜式の時間が迫った頃、「おい!愛知の親戚《しんせき》がおそいやん!」と言ったのは喪主の長男。「ほんまやな!」とみんなが心配した時、喪主の携帯電話が鳴った。

「あのね、道がわからんようになった。車二台で来てるがね。矢印看板の通り走っとったけど、ぐるぐると堂々巡りみたいに同じところへ来るんだ」

「えっ!!」と言う喪主。「あっ！」。ピンと来た。

「おい！　すぐ案内しに行け！」。若い社員に言った。「風や！　風の仕業や！」

道順に三枚掲げた指差し看板が、風に煽られてくるりと向きを変え、とんでもない方向を指していたのだ。迎えに行こうとした時、なんと、愛知の人たちが到着した。

「無我夢中で走っとったら、なんとか着いたがや！　気ぃ付けなアカンがや！」と憤慨をあらわにした。

「すぐ直しに行け！」。若い社員がとんで行った。

ところが、弔問者が続々と来られる。中には遠方からの人もあり、ちゃんと道順通り来られたのだ。

「看板がわかりにくくてすんまへん」と言う私に、「えっ？　矢印の通り来ましたで」

あら不思議？と思う矢先、社員から電話。「ちゃんと正しい方向指してまっせ」

へえ～なんでやろ……と思っている私の携帯が鳴った。先程、少し早い夕食をとった食堂からであった。

「あんたの店で携帯番号聞いてかけてます。あっちゃこっちゃ風で向きを変えた看板、直しときましたで!!」

春一番のいたずら、食堂のおっちゃん有難う。

五十一、若院主《わかいんじゅ》は花粉症

「ピンピンコロリ」という言葉があるが、まさにその人はその言葉通り。九十六歳でたいした病気もなく、わずか三日間寝込んだだけで眠るように逝かれたという。

古くからの門徒（浄土真宗の信者）であったその家族、地元のお寺を招いて地区の自治会館で葬儀を行うことになった。

「住職は本山の行事で出かけていて、通夜には間に合いません。葬儀式には導師をおつとめできますが、通夜は私がつとめさせていただきます」。住職の息子さん、いわゆる若院主から電話があった。

祭壇飾りを了《お》えて、少し若づくりの遺影が微笑《ほほえ》んでいる。

「おばあちゃん、長生きしてくれて、ほんまにありがとう」。口々に遺族が言った。

通夜の時間が近づき、通夜づとめをする若院主がバイクで来られた。見ると大きなマスクをしている。「花粉症ですねん！　かない

まへんわ！」とマスクを外した。

会館一杯の人が集まり、右側前列には遺族親族が座り、読経、焼香がはじまった。お経は真宗の聖典「正信偈《しょうしんげ》」というお経である。

お経も終わりに近づき、香煙のたゆとう祭壇、焼香も終わりに近づく頃、なんと導師をしている若院主が「はっくしょん!!」とびっくりするような大きなくしゃみをした。それも一度ならず二度三度。お経は丁度『大悲無倦常照我《だいひむけんじょうしょうが》』、『大悲』でくしゃん『無倦』でくしゃん。振り向いてぺこりと頭を下げ、同じところを三度も繰り返した。

読経、焼香が終って、ちょっとした法話をする若院主、「えらいすんまへん！　花粉症でして……」。

すると「はいっ!!」と手を挙げたのは曾孫《ひまご》の女の子、高校生であった。

「お坊さんって、遠い世界の人やと思うてました。私も花粉症です。うれしい！　ほれ、大おばあちゃんもよろこんではる!!」と言った。若院主はにこっと笑って頭をかいた。

通夜式終了の挨拶《あいさつ》でマイクを持った私は言った。

「若院《じゃくいん》さんがくしゃみをされたのは、『大悲無倦常照我』というところです。これは、仏さんのお慈悲は倦《あ》くところなく常に私たちを照らすということです。そこでくしゃみをして、同じ言葉を三度も繰り返されました。まさに仏さまのおはからい、ご遺影もほほ笑んでおられます」

再び大きなマスクをして、バイクに乗った若院を見送る空に、十六夜《いざよい》の月が輝いていた。

五十二、つないだ電線

「新坊が死にましてん！　お母さんが動転して泣き叫んでますのや！なんとか助けて下さい」

以前住んでいた町、その頃の町会長さんから電話があったのは夕刻であった。

新坊とはその町で子ども会のリーダーをしていた子ども、仲村新一君（仮名）、成長して今は二十三歳になる。大きな瞳《ひとみ》をした可愛《かわい》い子だった。

早速うかがったなつかしい町。彼は高校を卒業して、専門学校へ入ったことは聞いていた。

「専門学校を中退して、電気工事の下請《したうけ》会社へ就職しておかんと仲よう暮してたんや」

父とは死別して母と二人ぐらし、生活の支えに学校を中退し、アルバイトをしていた会社にそのまま就職したのである。電気のケーブルを地中に埋設する会社で、電気工事とは言え殆《ほと》んどは土木作業である。ケーブルを布設する場所は、時には河川を跨ぐルートもあり、その時には橋桁《はしげた》の下、橋の裏側に吊《つ》り下げる。それを橋梁添架《きょうりょうてんか》工事と言う。

北摂（大阪北部地域）を流れる川にケーブルを添架する作業中、足場が毀《こわ》れ、足場材と一緒に落下した彼。たまたま水のない中洲に落ちて頭を強く打ち、救急車で運ばれたまま帰らぬ人となった。

「わっ！」と泣いて私に抱きついた母親。

「つらいなあ、泣いてええで、思い切り泣きや！」私の眼からも涙が湧いて出た。

地域の自治会館を借りて、新坊の笑顔を遺影にした祭壇はささやかながら、花で飾られ地区の公園に咲いた桜の小枝が柩《ひつぎ》の上に置かれた。

「お寺さんのつき合いがないんや」と言う母親に、「わしにまかせとき」と言った。多勢《おおぜい》の会社の人たちと、地域の人たち、昔の子ども会メンバー、婦人会の人たち。地区の会館は人で溢《あふ》れた。

お寺はいつもの私の心酔する住職のお寺にお願いして、通夜が行われた。

心にひびくような読経のあと、やおら住職が向き直り、母親の前へつかつかと歩み寄りそっと抱きかかえた。

「尊い命を仕事に捧《ささ》げた息子さん、息子さんのつないだ電線はきっと美しい光を届けるやろ、そして、誰《だれ》もがいずれゆく世界、それがお浄土です。お母さん、あんたもいずれ行くところ、息子さんがええ席をとっておいてくれるよ。ええ席とはまさに仏さんのふところや！」「うん、うん」と頷《うなず》く母親。

「和尚《おっ》さん、ありがとう」。前町会長がまっ赤な眼をして叫んだ。

悲しい通夜式、でもだれも席を立たなかった。

五十三、幼い命を送る

「折り入ってお願いがあるのですが」

安部君から電話があったのは、初夏のさわやかな夕刻。安倍君は隣町の老舗《しにせ》の葬儀社の営業部長。交流会で親しくしているメンバーである。

「小さいお子さんが亡くなりましてな、うちでお世話することになったんですが、菩提寺《ぼだいじ》が浄願寺さんで、いとけない子どもを送るのやから、やさしい言葉で送ったげたい。それであんたにたのんでみなさいと言うてはります。忙しいとこすんまへんがご住職のご指名ですので、なんとかなりまへんか……」

「よっしゃ、万障繰り合わせるわ！」

式当日、芦屋浜から初夏のさわやかな風の中、集会所には、やさしい花祭壇《はなさいだん》がしつらえられて、幼稚園児もたくさん来てくれた。

住職との打合せで、読経の途中、ナレーションを流すタイミン

グ、前唱《ぜんしょう》のあと、時間をもらってやさしい音楽を流し、お別れのことばを入れることになった。
『芦屋浜から浜風が吹いて、夏美ちゃんの大好きな夏が来ました。年長さんになってからはとうとう行けなかった潮風幼稚園も今、チューリップが花ざかりです。

夏美ちゃんのお友達いっぱいのこの集会所から、今日は夏美ちゃんを遠いところへ送ります。故村本夏美ちゃん逝く、満五歳七カ月、今、夏美ちゃんはあのお柩《ひつぎ》の中で、それはそれは可愛《かわい》いお顔で眠っています。お顔の横にはキティちゃんのぬいぐるみ、そして、トラとウサギのぬいぐるみ。トラはお父さん、ウサギはお母さん、お父さんとお母さんに守られて、夏美ちゃんはお浄土に帰るのです。

昨日、お柩に入られたあと、ピンクのバラ二枚、ほっぺの両側に、それがママからの最後のプレゼントになりました。でもね夏美ちゃん、仏さんの説かれたお経の中に〝倶会一処《くえいっしょ》〟というありがたい教えがあるのですよ。おじいちゃんも、おばあちゃんも、パパもママもお友達も、いつかきっと夏美ちゃんのいるお浄土へ帰るのです。だからひと足先に行って待っててね。

故村本夏美ちゃん、五年七カ月という短い人生でした。でも、その数え切れないたくさんの思い出をありがとう。さあ、もうゆっくりねんねしよう』

ナレーションを終えて、さあお経がはじまるぞ、と思ってお導師のご住職を見ると、ひとときの沈黙があり、衣の袖でそっと眼をぬぐわれた。そして、少しかすれたお声で読経がはじまった。

立春大吉

祭

五十四、書き直した位牌

現在、わが国に存在する新宗教が台頭しはじめたのは、明治後期から昭和初期。仏教系、神道系、キリスト教他外来系、そして創始者の人格を畏敬《いけい》して創立された固有のもの、それらを伝統宗教に加えると、なんと百六十余りの団体になる。

そのすべてにあるのが葬送儀礼。生を享《う》けた者すべてに死はある。だから心の安らぎを標榜《ひょうぼう》する宗教団体には当然である。

ある大きな宗教団体の信者が亡くなり、葬儀の依頼を受けたのは同業他社、隣り町の葬儀社であった。その会社の社員とは、お互いに助け合う、そんな仲である。

梅雨入りを思わせるしとしと雨の夕刻、その会社の工藤君から私の携帯に着信があった。車で移動中、道路脇へ駐車して電話した。

「お忙しいのにすんまへん。ちょっと助けてくれませんか」「どないしたんや！」

「おたくもようご存知の松村さんから葬儀の依頼がありまして。あそこの宗教は俗名の位牌《いはい》でして、ああ、これは釈迦《しゃか》に説法ですな。ごめんやっしゃ。ほんでうちの専務が位牌を書いたんですが、それが気にいらん言うて、喪主がクレームつけてはりますんや」

亡くなられたのは七十九歳の女性。たくさんの教え子を持つ書道の師範であった。日展にも入選された程の腕を持つ人であるとのこと。

「いつものように筆ペンで書いた位牌が気に入らん。いやしくも母は書道の師範なんや、もっと上手に書いてくれと言われますんや」

そこであらためてパソコンで印字した。それが火に油を注ぐようになったとの事。

「よっしゃ！　そやけど俺《おれ》の筆跡で満足してくれはるんかな」

とにかく急いで式場へ向かった。待ち受けていた彼がさし出した新しい位牌、それに心をこめて俗名を揮毫《きごう》した。

よく冷えたアイスコーヒーを用意してくれたのを、ぐっと飲み干し式場をあとにした。

翌日夕刻、葬儀式を終えた工藤君から電話があった。

「昨日はおおきに、有難うございました。お陰さまで無事にすみました。喪主さんが言わはりました。〝ぜいたく言うて悪かったな、お陰で母も無事送れた。それにしても書き直してくれた位牌、母の字とよう似てる。生徒が言いよった、先生が生き返って書かはったんと違うか……とな。母もよろこんでるやろ〟と言うてくれはりました。おおきに……」

よかったよかったと空を見ると、梅雨の晴れ間に茜の空が覗《のぞ》いていた。

五十五、命を助けた葬式

「それではこれより、各界ご団体、ご代表さまのご焼香をたまわりたいと存じます。尚、ご焼香順、ご尊名の読み違いがございましたら、なにとぞご寛容下さいますようお願い申し上げます」

女性司会者の透き通った声の中、名前を読み上げられた方々が、焼香台に進んでゆく。そして五人目、商店会の副会長が焼香台の前に立った。

右手三本指でお香をつまみ、香炉にくべる。その様子が少しおかしい。右手が震えて香がつまめない。思い返したのか今度は左手で香をつまみ、ぎこちない仕草で焼香をするが、合掌する手がふるえ、左手で右手を支えている。焼香をすませ、少しよろめく足で席に戻った。

「これはおかしい……」。気付いた私は、そっと傍《そば》へ寄って囁《ささや》いた。

「お加減が悪いのではありませんか？」

お顔を見ると、唇の右端から少し唾液《だえき》が垂れている。若い頃、少し医学をかじった経験で、脳梗塞だと気付いた。

「お疲れのようですから、あちらでお休み下さい」

職員を一人、手招きして、二人で抱えるようにして式場を出た。

「救急車！」と叫び、すぐに一一九番をした。十分余りで到着した救急車にストレッチャーで収容され、救急隊員の心遣いで、音を立てずに病院へ向かった。

無事に葬儀が終わり、霊柩車《れいきゅうしゃ》が火葬場へ向かったあと、すぐに病院を訪れた。何度もご遺体をお迎えに行き、馴染《なじ》みのある副院長が私に言った。

「あんたが気付いてくれたの？　ありがとう。今、オペしています。もうちょっとおくれてたら、どうなったかわからん。気付いてくれて、ほんとによかった」


後日、副会長のご長男が、お礼に来られた。

「本当にありがとうございました。お陰さまで一命をとりとめました。経過もよくて、もうすぐ退院できるそうです。実は市の各商店街の懇親会で、高齢の会長の代理で海外旅行に行く予定でした。しかし親しい方のご葬儀でそれを断り、葬儀に参列したんですが、それがよかった。命が助かりました。もし、海外で発病していたら……と考えるとゾッとします。亡くなられた方があの世からメッセージを下さったんだと、あらためて手を合わせています。本当にありがとうございました」

よかった、よかった……。私は心に熱いものを感じ、この仕事に誇りを持ったのであった。

五十六、心のない隠語

「仕事が入りました。わし、はじめてですんで助けて下さい」

当直の安田君から電話が入ったのは、夜更けの二時頃であった。この仕事に就いてあまり年月を経ていない彼、はじめてとは何だろうと思い「どないしたんや？」と訊《き》いた。

「焼き芋でんね！」

焼き芋とは焼死体の隠語。しかし、決して業界の隠語ではない。我々だけで通じる言葉である。或る火災で焼死体をお世話したとき、焼け焦げた体がまるで大きな焼き芋のようだったということで、小数の社員だけで通用する、不謹慎な言葉である。

「わかった、すぐ行くわ！」「東署のモルグです」。モルグとは、警察署の遺体安置所である。

しんと静まった夜更けの街を通り抜け、到着した警察署のモルグ。そこには三人の若い女性と中年の女性。二人はしゃがみこみ、中年の女性と若い女性一人はステンレス製のベッドの縁にしがみ付くように手をかけていた。ベッドには体半分が焦げ、まだらに焼けた顔面、焼け落ちた頭髪、そして、そして、左の手首には手首を切った跡があった。

自死、それも手首を切ったが生半可《なまはんか》で死に切れず、灯油をかぶっての焼身自殺。西宮市の武庫川河川敷での自殺であった。

「ごめん！　わたしが悪かった。なんぼあやまっても許してくれへんのわかってる。わたしも死ぬ、ほんでそっちへ行ってあやまる!!」

泣き叫ぶ中年女性は、遺体の母親だとわかった。もう一人は妹、のこりの二人は親友とわかった。

「お母さん、つらいね。でもね、時間は戻らへん、今はまず娘さんを仏さんのところへ送って安らかに眠らせてあげましょう」

用意してきた柩《ひつぎ》に遺体を納め、母親と妹、友人も伴なって自社の霊安室へ運び安置した。

寝台車の中でぽつりぽつりと話し出した母親。次女が生まれて間もなく、父親が事故で亡くなり、傷心のあまり、つい長女につらくあたった。パートで生活を支えながら二人の娘を学校へ通わせる、辛い年月であったと言う。

質素ながら、やさしい祭壇をしつらえ、たくさんの友達に送られて天国へ向かった彼女。別の仕事が入り止むなく立ち会えず、安田君に火葬場へ同行させた。火葬の予定時刻がすぎた頃、安田君からメールが入った。カタカナで〝ヤキイモヤケタ〟。頭に血がのぼった私は、「終わりましたで……」と帰って来た彼の顔をいきなり平手で叩《たた》いた。そして、どっと涙が溢《あふ》れたのであった。

五十七、八月十五日の友

また訃報《ふほう》が届いた。私の第二のふるさと、三重県津市からである。戦争末期、戦火をのがれて疎開した地の、莫逆《ばくぎゃく》の友である。それは「いじめっ子のやさしさ」（前著『葬斂《そうれん》屋春秋』82ページ収録）、「それぞれの八月十五日」（本書78ページ収録）に掲載させていただいた、少年期の友である。

連絡をくれたのはお寺の住職、「あんたには知らせなあかん思うてな」。万障繰り合わせて急行した第二のふるさと。そのお寺で葬儀が行われる。その日はまさに八月十五日。月遅れの盂蘭《うら》盆《ぼん》の日、そして何よりも私たち世代に、大きな転換をもたらした終戦の日であった。住職が言われた。

「あんたの噂《うわさ》は聞いてます。仲良しやったあんたに送ってやってほしいんやけど、あんたは大阪や、無理言われへん。そやからどうや？　送ることばを式の中で、そのう……弔辞いうんかな、そんな言葉を言うてやってもらえんか？　思うてな……」

お寺の本堂に安置された柩《ひつぎ》の中で、安らかな顔で眠っている彼。〝皺《しわ》が増えたなあ……〟と思いながら掌を合わせた。凌霄花《のうぜんかずら》のゆれる寺庭に集まった人々。「おお久しぶりやな、元気か？」。沢山の人との出会いの中、式がはじまった。

真宗の聖典「重誓偈《じゅうせいげ》」というお経が終わり、次の「正信偈《しょうしんげ》」というお経に入り焼香がはじまる前、住職の眼くばせで私がマイクを持った。

「佐武郎《さぶろう》くん、いや、さぶやん！　今日は何の日や知ってるやろ。お盆やで、ほんで、ほんで、あの戦争が終った日や！　幸《ゆき》やんに連れられて、兎の餌をとって帰ったとき、あの真空管ラジオが哭《な》いとった。玉音や！　何のことやよう判らんかったけど、部落長の田辺のおっさんが床几《しょうぎ》に座って泣いとったな。あの日を境に日本は変わった。

さぶやん！　覚えとるか？　闇屋《やみや》のおっさんと喧嘩《けんか》したとき、さぶやんがくちなわ（蛇）を振《ふ》り廻《まわ》したら、闇屋がとんで逃げよったな。あんな思い出を二度とくり返したらあかん、戦争はあかん！　絶対あかん！　さぶやん、先に逝った幸やんや、みんなと、そっちでも仲ようしてや！

わしは、残り少ないいのちを、あの愚かな殺し合いの生きのこり、語り部としてがんばるから、先に行って待っとってや。わしの席も取っといてや！　今日は八月十五日、さぶやん!!　この大事な大事な、忘れたらあかん日に、わし等にのこしてくれるメッセージ、それが君の旅立ちや、どうぞ安らかに……」

そして鐘ひとつ、読経がはじまった。

五十八、亡くなった母

夕刻、そろそろ事務所入口を閉めようかと話している頃、電話が鳴った。応対している事務員が、「うちも二件仕事を抱えていますんで……」という声に、「おい！ちょっと待て、代わるわ！」と受話器をとりあげた。相手は同業他社の桑田君。火葬場でよく顔を合わす若者だった。

「いつもすんまへん、今、ちょっと大きな仕事を抱えていますんで、市役所から依頼があったんですけど、手が廻《まわ》りません。ひとつ助けて下さいませんか」「わかりました。それで仏さんはどこや？」「市民病院です。霊安室で娘さんがひとり待ってはります。すでに死亡診断書は出来てるということです」

すぐに寝台車を走らせた。霊安室では高校の制服を着た女の子が、遺体に覆いかぶさるように眼を泣《な》き腫《は》らしていた。遺体に合掌してから娘さんに言った。

「つらいね、おっちゃん一生懸命お送りするから、いろいろ教えてな」

「うん」と諾《うなず》く彼女。大きな眼の可愛《かわい》い娘さんだった。とりあえず自社の霊安室へ運び納棺した。

寝台車の中でぽつりぽつりと話してくれた娘さん。三歳になった春に父親が事故で亡くなり母との二人ぐらし。親戚《しんせき》は両親の出身地である北海道標津《しべつ》にわずかにいるが、交流は全くなく、何もわからないとの事。母親は非正規の職業を転々としながらも必死に子育てをしていた。知人に生活保護をすすめられたが、頑として受けなかったという。三日前の朝、トイレで倒れ、救急車で運ばれた市民病院で死亡が確認された。心筋梗塞《こうそく》であった。

小規模の葬儀ができる自社の霊安室で通夜と葬儀を営み、いつもお世話になる昵懇《じっこん》のお寺にお願いして院代が導師をつとめて下さり、ほんの足代で読経をして下さった。

非正規ながら勤めていたスーパーの店長や同僚、そして娘さんの同級生など、狭い式場から溢《あふ》れる参列者で無事に送り出した。

たった一人滋賀に住む遠戚《えんせき》に引き取られることになった娘さん。母親の通帳に残っていた僅《わず》かな預金から、二十一万八千円の葬祭費を支払い、「おじさん、お世話になりました。ありがとうございました」と頭を下げてくれた。茶毘《だび》に付した母の遺骨を持って近江の遠戚の人に連れられて行った。

そして一週間が過ぎた頃、彼女から手紙が届いた。

「おじさん、母の旅立ちには心からお世話下さいまして有難うございました。遺品の整理をしていましたら、生命保険の証書があり、百万円うけとりました。そのお金の一部で、あのお寺に納骨したいと思います……」

よかった、よかった。あの娘の顔を思い浮かべて、胸に熱いものがよぎった。

五十九、仏様のお使い

「辻井さん、やっぱり駄目でした。思うたより早う逝きよりました。今朝七時三十五分でした。ようがんばってくれました」涙声の電話は以前住んでいた町で、一緒に町会の役員をしていた尾崎さん(仮名)であった。亡くなったのは一人娘の真理さん。

相思相愛の男性と結婚し、私も招待された結婚式で、「おっちゃんありがとう、幸せになります」と握手をしてくれた。近くのマンションで新婚生活を送り、すぐに妊娠して、可愛《かわい》い男の子を産んだ。市役所に勤めるご主人と絵に画《えが》いたような幸せな家庭に割り込んで翳《かげ》を落としたのは、真理ちゃんの体に侵入した病魔であった。「悪性リンパ腫」。いわゆる白血病によく似た病気で、男性の方が罹患《りかん》者《しゃ》が多いといわれている、難病であった。

子育ての傍《かたわ》ら闘病に明けくれた日々も、とうとう日常生活が出来なくなり、大学病院へ入院。一進一退の後、新しい年に入った頃から急速に悪化したのであった。

急いで駆けつけた病院では、白蝋《はくろう》のような顔で眠っている真理ちゃんの冷たい頬にふれたとき、思わず涙が湧いて来た。

翌々日、地元の自治会館で葬儀が営まれ、旦那寺《だんな》の浄土宗の寺院の住職が導師をされ、多勢《おおぜい》の見送り人が来られた。住職が、「せめて、あんたの送りことばで、やさしい式にしてやって……」と眼をうるませて仰言った。ふんだんに花を飾った祭壇の前で私はマイクを持った。

「桜の花に心ときめかせたのは、昨日のことのようです。今はもう風薫るみどりの五月も終わりに近づきました。私たちの身の回りに何があろうと、季節はとどまることなくうつろいます。このことを仏教では『諸行無常』と言うのでしょうか。私たちは今、少し短い人生だけど、力一杯病気と闘われた方をみ仏さまのみもとへ送らねばなりません。

故尾崎真理さま逝く、行年三十三歳。真理さまは今、あのお棺の中で神々しいほど美しいお顔で眠っていられます。そのお召しになっているお衣裳《いしょう》は、かつて成人式にお召しになったすてきな振袖《ふりそで》、その上にはご遺族が心こめて折られた折鶴がお柩《ひつぎ》から溢《あふ》れんばかり。真理さまは今、一番の心残りだったお坊ちゃんと、とうとう果たせなかったみどりの中を散歩する夢を見ていられるのでしょうか。

故尾崎真理さま。真理さまのお名前はしんりとも読みます。『宇宙の真理』それはとりもなおさず仏さまのことです。真理さまは私たちに、人はいかに長く生きるかでなく、いかによく生きるかを教えに来られた仏さまのお使いかも知れません。送りなす私たち。真理さまの三十三年の人生、たくさんの思い出ありがとう。お疲れさまと申し上げ、お送りしたいと思います」

すすり泣く声の中、読経がはじまった。

六十、ガフキー6号

市の中核病院に併設されている結核療養病棟で終末を迎た方をお迎えに行った。ご遺族と共に待っていられた師長さんが、「これ着けて！」とマスクを渡してくれた。

「ガフキー何号ですか？」と何気なく聞いた私に、「ガフキー6号……。」えっ！　なんでそんなん知ってはるの？」「いや、ちょっと……」

ガフキーとは結核患者の喀痰《かくたん》をプレパラートに塗抹染色して、顕微鏡で菌を検索し、その一視野に存在する結核菌の数によって決まる、症状の軽重を推測する指針である。今でも使われている言葉かどうかはわからない。若い頃、微生物研究機関に所属し、細菌検索していた私がつい発した言葉だった。ガフキー6号はかなり重症である。

「今どき結核やなんて、ほんで八年もここにお世話になって、とうとう逝きよりました」

公務員をしている息子さんも、マスクの上の眼をうるませて話された。

「とりあえず、私共の霊安室にご安置して、きれいに清拭《せいしき》して、帷子《かたびら》をお着けしたのち、お柩《ひつぎ》におおさめしてからご自宅にお運びしてご安置しましょう」

生体反応の失せた体から、病原菌は生きた肉体に移り感染する頻度《ひんど》が高い……。そんな言い伝えがある。真偽の程は定かでない。喪主さんに帰っていただき、霊安室で納棺処置をした。両頬《りょうほお》に当てるドライアイス、それを包む綿花にアルコール消毒液をしっかりスプレーし、棺におさめたご遺体にもしっかり消毒液をスプレーして納棺は終わった。

ご自宅は北摂（大阪北部地域）の美しい風景の中に立った立派な一軒家であった。

「葬儀屋さん、長いこと家をあけていた親父。この家から見送ってやりたいんやけど……」

「わかりました。そういたしましょう」

庭に面した八帖《はちじょう》の和室に柩を安置し、花を主体とした祭壇をしつらえ、少し若い頃の遺影がにこやかに笑っている。式当日は、近隣の方々や、ご縁のある方々、故人のお友達など、お庭が会葬者で埋まり、お見送りの人波が農道まで溢《あふ》れて、立派な旅立ちの式が具現した。

火葬場までのバスの中、同乗した私に、一人の方が話しかけられた。

「あんた凄いね。叔父の病気をよく理解してくれて、思いやりが並やない。私は医者です。病気のことよう解《わか》ってくれて、ありがとう」

そう言って握手をしてくれた。ガフキー6号と七十九年の人生を乗せて、霊柩車《れいきゅうしゃ》は火葬場へ向かった。

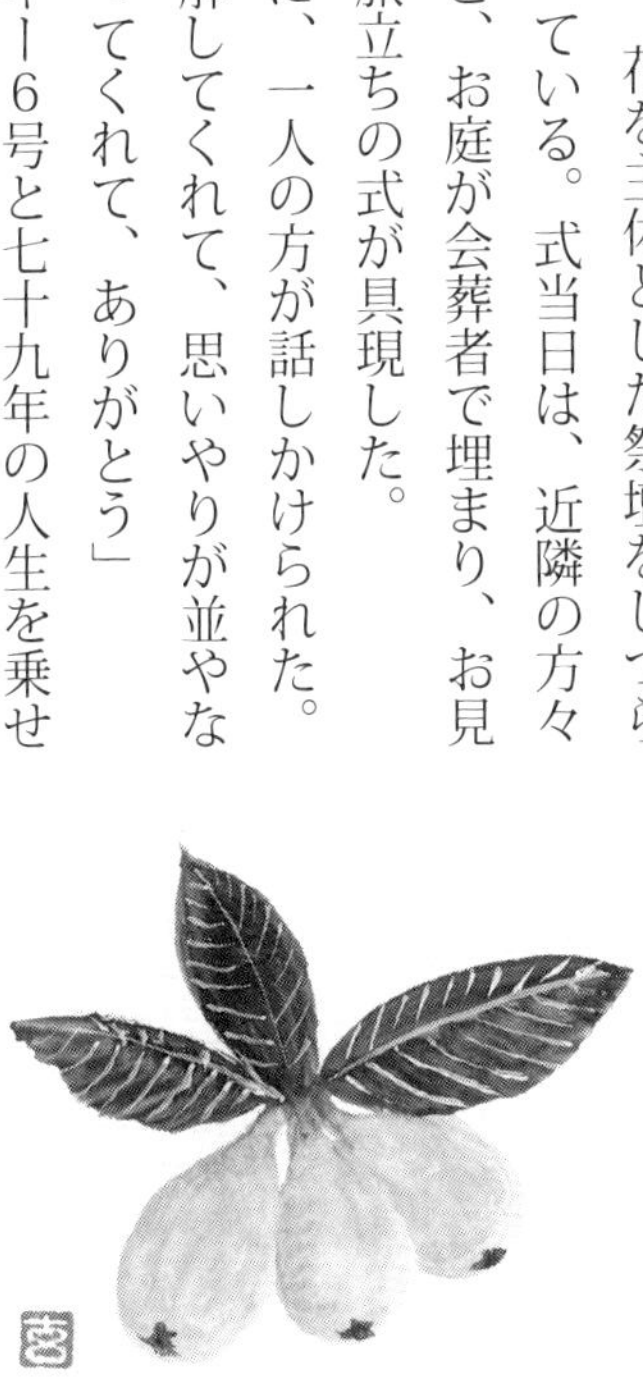

六十一、死体と三日間

「エッ！……それおかしいがに」

名古屋に住む友達が、大阪の実家へ様子を聞こうと電話した時の事。

実家は大阪市西淀川区。八十六歳の父と八十二歳の母の二人住まい。

電話をかけた一人っ子の友達は、大学を出て大商社へ就職。とんとん拍子に出世して名古屋支社長になり、めでたく定年を迎え、悠々自適。時々大阪の実家へ様子を伺いながら、同居しようと何度もすすめたが、頑として応じなかったのは母親だった。

母親は認知症を発症し、物忘れがひどく、物事の判断が出来ない程進行していた。父は元教師、実直で頭脳明晰、常に健康に留意しているすてきな老人であった。

電話に出た母親は頼りなげな言葉で、「お父さん、よう寝とるよ」。午後二時のこと、「起こしてみてよ!!」と言う彼に、「起きへんのや」。毎日電話で様子を聞く彼だが、昨日はゴルフに出かけて電話しなかった。いつもは認知症の母に代わってすぐ受話器をとってくれる父……おかしい……。そう思った彼が私に連絡して来た。

「よっしゃ！　すぐ見にゆくわ！」車をとばして行った家。玄関の鍵《かぎ》もかかってない。「ごめんなさいよ」と上がりこんだ。こたつテーブルから蒲団《ふとん》をとり去った座卓に坐っている母親。その向こう側に仰臥《ぎようが》している父親の顔に蝿《はえ》がとまっている。

「あっ!!」。すでに息絶えた父親の少し開いた口許《くちもと》に小さな蛆《うじ》がのぞいている。部屋は冷房が切れ、もの凄い暑さ。認知症の母は、寝ているものと思いこんでいるのだ。私の連絡ですっとんで来た友は、いきなり父親に覆いかぶさった。

「ごめんな！　ごめんな！……おやじ、ごめん！……」

何度も同居しようと言ったが母の反対。父は「俺《おれ》が生きているうちは大丈夫、母さんの面倒は俺が見る」と、介護施設にも入れず、ヘルパーさえ呼ばなかった。

父の死因はクモ膜下出血、不審死のため司法解剖ではっきりした。葬儀は近隣の古刹《こさつ》でしめやかに営まれた。

「死体と三日間、飲まず食わずに、それでも生き続けた母親。君のお陰で母親だけでも助かった。今度こそ俺が引きとって大事にするよ！」

彼の運転する高級車に母親を乗せ、家族は息子の運転するワンボックスカーに乗せて、一家は名古屋へ帰った。

夏休みも終わり、空には小さな秋を告げる浮雲《うきぐも》がひとつ浮かんでいた。

六十二、神道風で送る

なんとなく物悲しい気分のする秋の黄昏《たそがれ》どき、その電話があった。かつて同じ会社で一緒に仕事をしていた中島君。私より六歳年下の彼は会社を辞めた。自宅の金物店を継ぐためであった。

彼は子どもの頃、母を亡くして、父と二人の生活。高校を卒業して生花店で働き、その縁で葬儀社の社員となった。それより四十三年経《た》ち超ベテランと言われる頃、金物店を営む父親が急逝した。行年八十九歳。天寿を全うされた。しかし大正時代から続く金物店、迷いに迷った揚句《あげく》、決断したのは葬儀社を辞めて家業を継ぐ決心であった。彼の家族も同意して退職した。

「お願いがあるんや。市内の同業者のあるじが急逝しよってな。八十一歳で脳出血でな。ところが嫁はんも、二人の子どもも、本人も宗教に無関心と言うか、何もわからへん。

そやけど、長男が言うには、何やら神道の本をよく読んでいて、神棚もあるけど一体何の神さんやわかれへん。無宗教で送ってもええんやけど、何か手を合わすことがないと、送った気にならへん。なんとかなりまへんか？　と言うんや」

彼と待ちわせて喪家へ向かった。喪主のご長男が言った。

「何神様やわかりまへん。八百万《やおよろず》の神さんであきまへんか」

地域の集会所を借りて、神道風の祭壇を組み、七種のお献供《けんぐ》（お供えもの）で、それらしく飾った。焼香の代りに榊《さかき》で玉串《たまぐし》を作り、会葬者に奉奠《ほうてん》してもらうことにした。「千秋楽」という雅楽を流し、玉串奉奠してお訣《わか》れをしてもらう……。その流れにのって私がマイクを持った。

「うつせみの世は常なしと知るものを、秋風寒し偲《しの》びつるかも……。読みびと知らず……。道の辺に秋桜《コスモス》が風に揺れ、ゆく秋を惜しんでいます。暑かった夏に比べ、短い今年の秋が、もう、うしろ姿を見せています。今生のつとめ終えられ、黄泉路《よみじ》におもむかれます方を送りなすには、秋はふさわしいかも知れません。

故森本定夫さま、八十一歳。数々の思い出たちに見送られ、ゆく秋と共に現世《うつしよ》を後にされます。激動の昭和を生き抜かれた定夫さま。集い合う私たち、今、定夫さまのありし日を偲んでいます。大きな出来事よりも、ふとした仕草や、何気ない言葉がとてもなつかしく甦《よみが》えってくるのです。定夫さまは今、神の手に導かれ、黄泉の国へと旅立たれます。そこはまほろばの世界、とこしえに安けくいまし給《たま》うことを祈り、お別れしたいと思います」

八十一年の思い出を背負って、彼は神のもとへ向かった。

六十三、お題目で送る

「妙法蓮華《れんげ》経は死出の山にては杖、はしらになり給え、日蓮さきに立ち申し候《そうら》わば、おん迎えに参ることあらんずらん、一心に信心おわして霊山《りょうぜん》を期し給え。…………日蓮聖人御書の一節です。当山本堂、楷《きざはし》の横に、お会式《えしき》桜が蕾をつけはじめ、今年の秋もいまたけなわ、この歴史ある名刹から今、ひとりの方が霊山浄土へ旅立たれます。そして今日はなんと十月十三日、お会式の日、いわずと知れた日蓮大聖人が霊山へ旅立たれた日です。

この町に生を享《う》けられ、この町を愛し、この町の為に尽くされ、そしてこのお寺に心から尊敬の念を持たれ、その護持に身を捧《ささ》げられた方を、私たちは今、お見送りしなければなりません」

マイクを持つ私の手をさわやかな秋風が撫《な》でてゆく。……

八十九歳のご長寿で眠るように今生をあとにされたその方をお送りするのには、この名刹《めいさつ》ほどふさわしい式場はない。しかし、式場を決めるのにはご家族、ご親戚《しんせき》での葛藤《かっとう》があった。

元々、ご先祖からの宗派は浄土真宗である。しかし、このお寺の住職といつの程にか仲良くなられ、肝胆相照らす友となられた故人、「俺《おれ》の葬式はあの住職にたのんで日蓮宗でやってくれ」と言い残し他界された。それでも先祖代々の宗派にこだわるご兄弟、ご親戚。

「どないしたもんやろ！」。鉾先《ほこさき》がこちらへ向かった。

「そうですね……。仏教のはじまりはお釈迦《しゃか》さまですよね。いろんな宗派があるにしても元々は釈迦如来、そして十大弟子から広がった教え。こんな言葉があります。〝宗論はどちら負けても釈迦の恥〟、どの教えもお釈迦さまの真理を伝えています。ここはひとつ、故人様のお心を大切にされたら如何《いかが》でしょう」

「よう言うてくれた、わし等もうすうすそう思うてたんや!!」

……古刹《こさつ》の庭に彼岸花がゆれ、散り初めた萩の花が石畳を飾り、爽籟《そうらい》（さわやかな秋風の響き・季語）の中を秋茜が浮かんで、ご長寿であった故人をいとしむように、境内を埋めつくす会葬者。寺の一角にお会式の万燈《まんとう》が立てられている。

「さあ！　今生《こんじょう》の思い出をたくさん残されて次の世へ向かわれる故人、心からなるお題目でお見送りしましょう!!」

マイクを置いて見上げる空は、プルシャンブルーの中にひとひらの雲が浮かんでいた。

六十四、穏やかな顔で

淀川の河口にところどころ水溜《みずた》まりがあり、湾処《わんど》と称《よ》んでいる。雨が降って大川が溢《あふ》れると姿を消し、水が引くとまた姿を表す。それは輪廻《りんね》転生、人の生まれかわりに似ている。春は蒲公英《たんぽぽ》、夏はねこじゃらし、秋は芒《すすき》、冬は枯葦《かれあし》に雀《すずめ》、四季おりおりの風情を醸し出す。岸の平地にはブルーシートが設けられ、棲家《すみか》を失った人が生活している。

昼食をすませた時、事務所の電話が鳴った。淀川警察署からであった。

「淀川のわんどのねき（そば）でホームレスが死体で発見されました、一緒に来てくれまへんか？」

ストレッチャーを積んで寝台車が向かったのは、長柄橋《ながらばし》から少し十三大橋《じゅうそうおおはし》へ下った川原のわんどのそばであった。七十歳前後であろうか、伸び放題の白髪と髭、悲しい歴史を抱えた人生であったろうが、死に顔はとてもおだやかであった。

とりあえず、自社の霊安室に備えつけてある遺体用の冷蔵庫に安置した。検死も済み、荼毘《だび》に付すだけであったが、身元の検索や、身内を探すなど、火葬までの日時が長引く事が多いからである。

あれから二週間、身元不詳の行旅死亡人として火葬することになり、社員三人と共に、私がみじかいお経を誦え、遺骨は共同埋葬された。

後日、市の福祉保護課へ葬祭費を受けとりに行った時、職員が言った。

「ご苦労さんでした。結局身許《みもと》はわからんかったけど、えらいおだやかなお顔やったそうですね。警察の人が言うておられました。

ところで、ブルーシートの中のもんを始末したんやけど、これだけは捨てられへんので一緒に燃やそうと思うて、燃やし忘れました。どないしましょうか？」

それは古い手紙、幼い子どもからのものだった。昔々、幸せだった時の吾子《わがこ》からか、もしくは孫からか、すでに劣化して読めないけれど、あどけない字体はおぼろげに見える。

「わかりました、お預りしましょう」

後日、社員と二人、暇を見て淀川の河原に行き、故人最後の場所、わんどのそばに、手紙をビニールに包んで埋め、一束の花を供えた。わんどに映った空は青く澄み、一艘《いっそう》の雲が天国からの使いのようであった。

六十五、千歳飴《ちとせあめ》抱いて

「お久しぶりです」

「おお久しぶり、元気ですか」

電話は谷内さん。以前住んでいた町で、私が町会副会長をしていた時の会計係をしてくれていた人。昭和から平成に年号が変った頃だから随分昔のことである。

「悲しいことが起きたんや。子ども会でリーダーやった哲也くんのとこで不幸があってな」

「えっ！ご両親のどちらかが……亡くなったんか？」

「そやないんや、哲ちゃんは八年前に嫁をもろうて、女の子ができた。琉美《るみ》ちゃん言うてな、六つになる可愛い女の子や。それが……それが……急に亡くなったんや」

急に涙声になった彼。

「事故や、車に轢《ひ》かれて、即死や……」

詳しく聞いてみると、横断歩道を友達と渡るとき、信号が点滅から赤に変わるときで、友達が急いで渡ったので、つい自分も渡った。そのとき直進して来た車に激突、即死状態であった。

直進した車は信号ばかり見て、赤から青に変わった途端にアクセルを踏んだ。運転手は未成年。しかも無免許であった。目撃した人によってすぐ通報され、救急車とパトカーが来て、おろおろする運転手は即逮捕された。

それから三日後、みじかい秋も背中を見せはじめ冬将軍にバトンを渡そうとしている、そんな日が、地域の会館で琉美ちゃんの旅立ちを見送る日。それはたまたま、十一月十五日、七五三の日であった。会館の近くの神社には、たくさんの親子連れがお参りで賑《にぎ》わっている。琉美ちゃんも数え年で七歳。やはりこのお宮で七五三のお祝いをする予定だった。

午後一時、葬儀がはじまり、たくさんの会葬者の中、通園していた幼稚園の年長さんひと組がお見送りに来てくれ、それぞれが一本ずつのお花を捧献《ほうけん》してくれた。

葬儀も終わろうとした時、一人の中年女性が、門前飾りの前でいきなり土下座した。長い髪をふり乱したその女性は「ごめんなさい！ごめんなさい‼」と泣き叫んだ。

轢死させた犯人の母親だった。葬儀社の社員が抱き起こし、式場から引き離した。

式場では最後のお訣《わか》れに柩《ひつぎ》の蓋《ふた》をとり、お花で埋める。お人形のような可愛《かわい》い琉美ちゃんの旅立ちの衣裳《いしょう》は、そう、七五三の衣裳である。果たせなかった七五三のお祝い。そして、祖父が言った。

「千歳飴や！　だれか買うて来て‼」。急いで哲也くんが走った。神社から買ってきた千歳飴を抱いて、琉美ちゃんは六年の短い今生《こんじょう》をあとにした。

六十六、地下街の再会

「辻井さんですね。あのときはお世話になりました。今日、七回忌をすませました。お元気なご様子ですね。うれしい……」

阪神梅田駅から阪急へ向かう地下街。思わず胸がきゅんとなった。忘れることなどできないあの子の旅立ち。六年前の初冬のことである。

宿直の社員が、「何べんも電話ありました。用件聞いても言わはらしまへん。辻井さんまだか？と言うばかりで。番号聞いてますんで電話して下さい」と言った。

覚えのない電話番号、いぶかしみながらダイヤルをプッシュした。

「あっ！　辻井さんですね！　仮谷です！　母を送るときにお世話になりました仮谷です。あの時はありがとうございました」「ああ！　あの時の……お元気ですか？」

「それが……それが……」。涙声になった。「娘がなくなりまして」

「えっ！　たしか――茉希《まき》ちゃんでしたね。えっ！　えっ！　どうされました？」

「おととい、自転車で溝にはまって、溝のふちで頭を打ちましたんや。頭を抱えて帰って来て、どうもない、瘤できただけや……言うので医者にも行かんと……。そしたら夕方になって急に意識がなくなって、救急車を呼んだんやけど、病院で……あかんかった!!」。そして「わっ!」と泣き出した。

すっ飛んで行った私にいきなり抱きついたのは母親。母子家庭であった。

「おっちゃん、おばあちゃんどこ行くの?」。いたいけな顔で私に聞く茉希ちゃんに私の胸が痛んだ……そんな思いが甦《よみがえ》った。

「お金なんかかけんでええ、心から送りましょう、おばあちゃんが待ってはる。あの時のお寺さんにまた頼みましょう」

尼崎市に小さな伽藍《がらん》を構えるお寺。おばあちゃんを心から送って下さったご住職にお願いし、お寺の一室で茉希ちゃんは旅立った。


あれから六年、また銀杏黄葉《いちょうもみじ》の舞う頃となった。当時六歳、年長さんだった茉希ちゃん、今生きていれば六年生だろう。今も、まざまざとあの子の面影が残っている。

地下街の雑踏の中、思わぬ出会い。

「辻井さんにいただいた栞《しおり》、私の宝物として、ほれ、こんなに大事にしています」

あの時、私が作って差し上げた、秋桜《コスモス》と赤とんぼの絵、そして俳句「夭折《ようせつ》の柩《ひつぎ》に纏《まと》う秋茜」を書いた小さな栞。ビニール袋で丁寧に包んであった。

六十七、愛犬に見送られて

「お登紀さんが亡くなられました。あなたのところでお見送りのお世話たのみます」

民生委員さんから連絡をうけたのは、春の夕日が西空を茜に染める頃であった。

「ちっちゃいおばちゃん」と渾名《あだな》されていたお登紀さん。市のキャラクター「ちっちゃいおっさん」に対比して称《よ》ばれる、下町の世話好きの、ちょっぴりお節介な、でもだれにでも愛される小柄なお登紀さん。行年七十九歳であった。

この人もご多分に洩《も》れず、阪神淡路大震災で生き残ったひとり。震災で身内を失い、共に生き残ったつれあいも十二年前に病死。福岡に住む従姉妹がたったひとりの親族であった。

ある朝、新聞受けにたまった新聞の嵩《かさ》に不審を抱いた近所の人がそっと覗《のぞ》いてみると、飼い犬がけたたましく吠え、鳴き止まない。それで、近隣の人たちが集まって、引き戸を無理矢理外し中に入ってみると、炬燵《こたつ》に入ったまま、お登紀さんはこと切れていた。すぐに警察に電話したとの事。検死の結果はクモ膜下出血、死後早くも三日余り経《た》っていた。

福岡の親族へは、市役所福祉課から連絡をとったが、その人も認知症で介護施設に入居していた。

地域の民生委員の世話で、地域の福祉会館に安置し、市の福祉仕様の市営葬を行うべく、近隣の人も手伝ってアパートから柩《ひつぎ》を運び出そうとした。そのとき、いつのまに綱をほどいたのか、愛犬が喧《やかま》しく吠えながら柩の周りをぐるぐる廻り、その鳴き声もだんだん細く「きゅうーん、きゅうーん」と、それはそれは悲しげな声で鳴きつづけた。

「おお、お前も悲しいな！　あんなに可愛《かわい》がってくれた人がおらんようになるんや、悲しいな、なんぼでも鳴け！」

隣に住む男性が、やっと捕まえて、抱きかかえ、それでもか細い声で鳴きつづけた。

翌日、近隣の有志が出し合った僅《わず》かなお布施と人情厚い住職の好意で、葬儀が営まれた。

「おい！　犬もつれて来たろうや！」

主を失った犬をどうしたものか、相談した保健所の人が来てくれた。

「お世話になります。よろしゅうたのみます。そやけど飼い主の柩が出棺するまで居らしてやって下さい」

やがて焼香が終わり、読経も終わって、出棺となった。霊柩車《れいきゅうしゃ》に柩をおさめ、参列者の合掌の中、霊柩車がホーンを鳴らしたその時である。保健所の人にリードをもたれた犬が、突然鳴き声をあげた。

「わんわん」から「きゅーんきゅーん」とそれはそれは悲しげに。

そしてお登紀さんは七十九年の思い出と愛犬を残して、次の世へと旅立った。

六十八、べんべんさん

〝べんべん寺〟と称《よ》んでいる寺がある。

勿論《もちろん》ちゃんとした寺名はあるが、我々はべんべん寺、またはべんべん坊主と呼んでいた。お笑い芸人の話芸で、○○と思えば○○でない、○○と思えば○○でない、○○と思えば○○でない、べんべん！……。という一芸が風靡《ふうび》した時代があった。そこからきた名だ……

かつて小さなアパートに本尊を飾って、お寺と称し、いろんな宗派に対応したお経を修得し、お葬式をたのまれれば、何宗のお経も読誦《どくしょう》し、そしてお布施も少額で、利便性、経済的にその存在は特殊なもの、そんなお寺があった。

伝統仏教には主として、浄土系、真言系、日蓮系、禅系、それの分派としてたくさんの宗派がある。その、どの宗派にも対応するそのお寺は、それなりの勉強と努力が必要だと、感心する一方、冗談や揶揄《やゆ》を交えて〝べんべん寺〟と称んでいた。

〝真宗と思えば真宗でない〟〝日蓮と思えば日蓮でない〟〝真言と思えば真言でない〟べんべん!! そんなお寺である。

ある独居死の老人の葬儀があった。

青森出身のその人には、近くに親戚《しんせき》がなく、独り身で、刃物の研ぎ屋を商売にし、廃業してからも研ぎ屋の源さんで通っていた。

遠くから駆けつけた遠戚《えんせき》の人たちと、近隣の人でささやかな葬儀がいとなまれた。

「日蓮宗で送ってほしい」という故人の甥《おい》にあたる人の要請で、例のべんべん寺を紹介した。

聞くところによると、甥にあたるその人は熱心な日蓮宗の信者であった。

さて葬儀が開式され、七条袈裟《げさ》に身を装った〝べんべんさん〟が入場し、読経がはじまった。法華経の前唱《ぜんしょう》がはじまり、その中で、南無《なむ》上行《じょうぎょう》無辺行《むへんぎょう》浄行《じょうぎょう》安立行《あんりゅうぎょう》の四大菩薩《しだいぼさつ》と言う文言がある。

その中の「あんりゅうぎょう（安立行）」を「あんたつぎょう」と読んだべんべんさん。そのとき、前列に座っていた故人の甥が、〝くすっ〟と笑った。読み間違えに気付いたのである。

日蓮宗の読経に馴《な》れていないのだろうか。

司会をしていた私の背に冷汗が流れた。

何喰《く》わぬ顔で退場した僧侶《そうりょ》、読み違えに気付いていないのだ。

〝無事〟に終えて出棺の時、添乗して火葬場へ行く僧侶の背中をポンと叩《たた》いたその熱心な日蓮信者の甥は、「勉強しなっせや!!」と言った。

そしてにやっと笑った。

六十九、夫の棲《す》むふるさとへ

師走《しわす》も半ばになると、何となく心せわしく、街の喧騒《けんそう》もひときわはげしくなる。そんな日の夕刻、電話があった。市の中核病院の事務長からであった。

「今、ひとりお亡くなりになりました。出入りの葬儀屋さんに連絡したところ、遺族の方があんたのところやないとあかん言わはります。すぐお迎えに来て下さい」

霊安室で泣き崩れているのは二十歳前後とみられる女性。故人の娘さんとすぐわかった。

「あっ！あなた！　えっ！お母さんが？」

三年前、工事現場で不慮の事故をうけ、若くして今生をあとにされた、現場監督の娘さん。〝お父さんは部下の人を助けて、自分が犠牲にならはった、すばらしい人生やったよ〟と慰めた彼女はまだ高校生であった。ぽつりぽつりと話し出した彼女。父を亡くしてから、母ひとり娘ひとり、私学に通う彼女、その学費のため母はパートに出ていた。

ある朝母は、「ちょっと頭が痛い」と言って鎮痛剤を服用し、それでもがんばって出勤した。その途中バスの中で倒れ、次の停留所で救急車に迎えられたが、到着した病院で死亡が確認された。

大規模なクモ膜下出血であった。「母ちゃんごめん」と泣き叫ぶ娘の肩を抱き、水鳥のように並んだナースに見送られて、自宅マンションに安置した。

葬儀はマンションの集会所で営まれることになった。かつて、その集会所で大正琴の会があり、それは故人のたったひとつの趣味であり、たのしみであった。

故人のふるさと、鳥取から兄弟や親族を迎え、近隣の町会や、娘の友人たち、たくさんの弔問、会葬をうけ、亡夫の友人たちも出席して、立派に式が行われた。

「葬儀屋さん、せめて私らの仲間で大正琴を演奏して送りたいんやけど」その願いを実現するため、紹介した僧侶《そうりよ》に了解を得た。

心ゆさぶる重厚な読経の中、焼香がつづき、やがて、読経と共に焼香の列が終わった。その時である。大正琴を持った六人の女性が、しつらえた演台の前に座り、演奏がはじまった。

そして私がマイクを持った。

「故人さまが唯一たのしみにしておられた大正琴、今、そのしらべに乗って次の世に向かわれます。演目は〝ふるさと〟。故人さまはふるさとの風景を思い出しながら、み仏さまのふるさと、お浄土へ帰られます……」

すすり泣く声と共に小声で唄い出す人、そして、だんだんその声が増えて合唱になった。

故人はその調べに乗って、夫の棲む浄土へ向かった。

七十、喪中ハガキの文面

ポケットのガラケーが鳴ったのは、晩秋の日暮どき。以前勤務していた葬儀社の社長からだった。社長はある神道系の宗教団体の役員をしていて、その関連で、その宗教団体の葬儀依頼が多い。

「いつもすんまへん。また文章を作ってほしいんやけど、よろしいですか？」

「いいですよ。どんな文章ですか？」

「喪中ハガキの文面ですんや。教会の役員さん、いや、支教会の教会長さんが今年の八月に、にいみたま（亡くなり、み魂となる）になられましたんや。それで、既製の喪中ハガキの文面ではあかんと言われますんや。よろしうたのんます」

その夜机に向かった私は、現役時代の様々なことを思い浮かべながらペンを把《と》った。

『喪中に付、年末年始のご挨拶《あいさつ》をご遠慮申し上げます』

この一文は、何の変哲もない書き出しである。そして次の文章が神道の新宗教の言魂《ことだま》につなげている。

『去る八月二十八日、教会長八十島憲聖は享年八十六歳をもって現身《うつしみ》の齢《よわい》を尽くし、幽世《かくりよ》に永久《とわ》の棲家《すみか》を得られ、うつし世にありし折、神慈《かんいつく》しみに浸りたまいて、親神さまのみかげを蒙《こうむ》り信心の道迷うことなく末の末まで教え伝え信徳を積み給いました。うつし世にありし折を偲《しの》び、送りなす我等、み魂の幸を祈り、どうか心穏《おだ》いに安らいて、神慈しみを受けたまえと祈りつつ、新歳《にいどし》を迎えんとする次第です。

信者の皆様に於かれましては、限りなき神徳を蒙られまして、よき新年をお迎えになりますよう、祈念いたします。

信徒総代　柏木総一郎　』

何度も読み返しては、あの頃を思い出しつつ添削を重ねて、ファクスしたのは夜更けであった。早朝に社長から電話を受けたのは、まだ床の中だった。

「おおきに、おおきに！　うまいこと作ってくれはった。ほんで厚顔《あつか》ましいんやけど、これをＡ４の紙に墨で筆書きしてくれまへんか。それをハガキ大に縮小して送りたいと思いますんや」

「わかりました！」

職を退いてから早や五年、老耄《ろうもう》の吾《われ》にまだ役立つことがある……。胸にあついものが湧《わ》いて来た朝であった。

あとがきにかえて

歳末が来るといつも思い出すのは、年始め小正月の二日後、あの阪神淡路大震災である。あれから、東北、熊本と大震災が発生し、沢山の犠牲者が今生をあとにされた。その都度、大自然の脅威に立ち向かう人類の無力さを感じる。

あの震災の関連を綴《つづ》らせてもらった「ドラム缶の梵鐘《ぼんしょう》」（本書38ページ収録）、「あの少女はいま……」（前著『葬斂屋春秋』142ページ収録）を読み返している。あの少女は？　そして今も心を癒やしてくれているだろうドラム缶の梵鐘。不慮の死を、その旅立ちをお世話した数々の思い出を、この連載にたずさわることで甦《よみがえ》らせてくれた。

先日、依頼をうけて、関西大学のキャンパスを散策したあと、皆さんと茶話会を行い、「おくりびと」の話をさせてもらった。

人は必ず死ぬ。その最後の旅立ちをどうするか。多種多様の考え方がある。宗教的見地からの見方、また唯物的な割り切り、死をただの終焉《しゅうえん》と見るか、天国、または浄土への昇華と見るか、または次の世、第二のふるさとと見るか、人それぞれである。

その、どの思想にも寄り添ってお手伝いするのが葬儀社の正しい姿であろう。

今、新しい葬儀社が雨後の筍のように林立している。勿論《もちろん》、事業としての採算は重視しなければ立ち行かないのは当然である。が、葬儀の規模がだんだん縮小され、家族葬、直葬が増えつつある。それでも、人の死と言う大きな事柄を心にとめ、誠心誠意をもって、お世話してほしいと思う。

そして、そして、この仕事にたずさわる人は、生きとし生けるものすべてをいとしみ、やさしさを持って事にたずさわってもらいたいと思うのである。

今、伝統宗教に新宗教を足すと、約百三十余りの宗教宗派がある。そのすべてを理解し、その儀礼に徹する事は不可能である。しかし、心から死者を悼《いた》み、その生前を記憶する、そんな遺族に寄り添う「おくりびと」になってほしいと思うのである。

ご縁あって、大阪民主新報さんと出会い、このコラムを執筆させていただき、そして、沢山の方々にお読みいただいて、私の晩年に生《い》き甲斐《がい》を与えて下さり、感謝にたえません。心から御礼を申し上げましてペンを止めます。ありがとうございました。

「生かされて生きて師走《しわす》の風やさし」康祐

温かな“さようなら”――続・葬斂屋春秋　初出一覧

連載「大阪民主新報」2014年4月6日号～2016年12月25日号（全137話）

掲載順	題	連載No.	原題	掲載号
儀18話				
1	レクイエムは六甲颪	3	レクイエムは六甲颪	2014年4月20日号
2	さよなら先生！　またね!!	9	さよなら先生、またね！	2014年6月1日号
3	出棺はクレーンで	12	出棺はクレーンで	2014年6月22日号
4	歌を愛した昭和びと	13	歌を愛した昭和人	2014年6月29日号
5	柩からとり出した経典	15	柩からとり出した経典	2014年7月13日号
6	蛆まみれの遺体	17	蛆まみれの遺体	2014年7月27日号
7	感謝する心	19	感謝する心	2014年8月10日・17日合併号
8	ちょっぴり残した遺産	23	残した遺産	2014年9月14日号
9	読めない紋所	28	読めない紋所	2014年10月19日号
10	世にも悲しい旅立ち	29	世にも悲しい旅立ち	2014年10月26日号
11	悲しい旅立ち、その後	30	悲しい旅立ち、その後	2014年11月2日号
12	アリガト婆ちゃん	33	アリガト婆ちゃん	2014年11月23日号
13	のこされた少年	34	残された少年	2014年11月30日号
14	置きみやげ	36	置きみやげ	2014年12月14日号
15	午歳の初春に	39	午歳の初春に	2015年1月11日号
16	ドラム缶の梵鐘	40	ドラム缶の梵鐘	2015年1月18日号
17	本葬招いた密葬	42	本葬招いた密葬	2015年2月1日号
18	えべっさんに見送られ	43	えべっさんに見送られ	2015年2月8日号
式17話				
19	あの世でも言いつづけてや	45	さよなら!! 裕さん	2015年2月22日号
20	父のあとを追って	47	父のあとを追って	2015年3月8日号
21	ホームの仲間に送られて	48	ホーム仲間に送られ	2015年3月15日号
22	あいがと～（ありがとう）	49	息子残し逝く母へ	2015年3月22日号
23	お布施は半分コ	50	お布施は半分コ	2015年3月29日号
24	撤去した供花	51	撤去した供花	2015年4月5日号
25	早逝の仲間への辞	52	早逝の仲間への辞	2015年4月12日号
26	終わりのない旅	55	終りのない旅	2015年5月3日・10日合併号
27	地獄に仏	58	地獄に仏	2015年5月31日号
28	ふるさとを連れて	59	ふるさとを連れて	2015年6月7日号
29	音の変わった木魚	60	音の変わった木魚	2015年6月14日号
30	やさしい嘘	62	やさしい嘘	2015年6月28日号
31	読経の途中で	64	読経途中に突然	2015年7月12日号
32	彼の岸に蓮の花ぽつと咲いて…	65	彼岸に咲いた蓮	2015年7月19日号
33	民報のとり持つご縁	68	民報のとり持つ縁	2015年8月9日・16日合併号

34	盂蘭盆会にご先祖の元へ	69	不慮の事故で…	2015年８月23日号
35	それぞれの八月十五日	70	八月十五日	2015年８月30日号
送18話				
36	歌詠みナース	73	歌詠みナース	2015年９月20日号
37	驕りたしなめる栞	74	驕りたしなめる栞	2015年９月27日号
38	やさしい住職	76	やさしい住職	2015年10月11日号
39	神葬式のひとコマ	78	神葬式で送る	2015年10月25日号
40	つけかえた法名	79	つけかえた法名	2015年11月１日号
41	一人息子の涙	82	一人息子の涙	2015年11月22日号
42	素人ばかりの葬儀	85	素人ばかりの葬儀	2015年12月13日号
43	縁を結ぶ因	88	縁を結ぶ因	2016年１月10日号
44	ころがりこんだ仕事	90	ころがりこんだ仕事	2016年１月24日号
45	薄れない思い出	91	薄れない思い出	2016年１月31日号
46	「旅費」の金封	94	「旅費」の金封	2016年２月21日号
47	六年後の手紙	95	六年後の手紙	2016年２月28日号
48	挟まれた柩	97	挟まれた柩	2016年３月13日号
49	宗教の垣根越え	98	宗教の垣根越え	2016年３月20日号
50	春一番のいたずら	99	春一番のいたずら	2016年３月27日号
51	若院主は花粉症	101	若院主は花粉症	2016年４月10日号
52	つないだ電線	104	つないだ電線	2016年５月１日・８日合併号
53	幼い命を送る	109	幼い命を送る	2016年６月12日号
祭17話				
54	書き直した位牌	111	書き直した位牌	2016年６月26日号
55	命を助けた葬式	112	命を助けた葬式	2016年７月３日号
56	心のない隠語	115	心のない隠語	2016年７月24日号
57	八月十五日の友	118	八月十五日の友	2016年８月14日号
58	亡くなった母	119	亡くなった母	2016年８月21日号
59	仏様のお使い	120	仏様のお使い	2016年８月28日号
60	ガフキー６号	124	ガフキー６号	2016年９月25日号
61	死体と三日間	126	死体と三日間	2016年10月９日号
62	神道風で送る	127	神道風で送る	2016年10月16日号
63	お題目で送る	129	お題目で送る	2016年10月30日号
64	穏やかな顔で	130	穏やかな顔で	2016年11月６日号
65	千歳飴抱いて	132	千歳飴抱いて	2016年11月20日号
66	地下街の再会	133	地下街の再会	2016年11月27日号
67	愛犬に見送られて			書き下ろし
68	べんべんさん			書き下ろし
69	夫の棲むふるさとへ			書き下ろし
70	喪中ハガキの文面			書き下ろし
	あとがきにかえて	137	連載を終えて	2016年12月25日号

辻井康祐（つじい　こうすけ）
1934年、大阪市生まれ。葬祭ディレクター1級・元葬儀社勤務。小学校5年生の時、戦火に追われ三重県へ疎開し、そこで育つ。大阪の微生物研究機関職員、土木会社勤務などを経て、53歳で葬祭業に出会う。葬斂屋（そうれんや＝おくりびと）として、阪神淡路大震災を経験。78歳で引退。25年間の葬儀社勤めでは、納棺部長として心をこめたお見送りを心がけ、手がけた葬儀は3000件を超す。趣味の俳句、短歌では投稿した作品が度々新聞・雑誌に掲載、俳画の個展は30回を越える。受賞歴として、1958年に三重県・一志町青年団で脚本・演出を手がけた創作劇「土」が第7回全国青年大会芸能文化の部で優秀賞、短歌で2012年度「啄木コンクール」入選。著書に『葬斂屋春秋――ある〝おくりびと〟の記録』（新日本出版社）がある。

温《あたた》かな〝さようなら〟――続《ぞく》・葬斂《そうれん》屋《や》春秋《しゅんじゅう》

2017年12月20日　初　版

著　者　辻　井　康　祐
発行者　田　所　　稔

郵便番号　151-0051　東京都渋谷区千駄ヶ谷4-25-6
発行所　株式会社　新日本出版社
電話　03（3423）8402（営業）
03（3423）9323（編集）
info@shinnihon-net.co.jp
www.shinnihon-net.co.jp
振替番号　00130-0-13681

印刷・製本　光陽メディア

ISBN978-4-406-06189-6 C0036　Printed in Japan